财政收支与税收研究

蒋 娣 王 勇 孙法海 ◎著

中国纺织出版社有限公司

内 容 提 要

财政是随着国家的产生而出现的一个特殊的分配范畴，是国家治理的基础和重要支柱。本书围绕财政收支与税收展开研究，从政府与市场分析、财政与税收的产生与发展、财政与税收的研究对象、内容与方法切入，探讨财政与财政政策、财政收入与财政支出。以税收理论与税收制度为基础，分析流转税、所得税、财产税、行为税与其他税种，论述税收管理与税务行政处理。本书适用于财政、税务管理相关从业人员和高校相关专业师生。

图书在版编目（CIP）数据

财政收支与税收研究/蒋娣，王勇，孙法海著. --北京：中国纺织出版社有限公司，2023.6
ISBN 978-7-5229-0676-8

Ⅰ.①财… Ⅱ.①蒋… ②王… ③孙… Ⅲ.①财政收支－研究－中国②税收管理－研究－中国 Ⅳ.①F812.4

中国国家版本馆 CIP 数据核字（2023）第 107906 号

责任编辑：段子君　　责任校对：高　涵　　责任印制：储志伟

中国纺织出版社有限公司出版发行
地址：北京市朝阳区百子湾东里 A407 号楼　邮政编码：100124
销售电话：010—67004422　传真：010—87155801
http://www.c-textilep.com
中国纺织出版社天猫旗舰店
官方微博 http://weibo.com/2119887771
天津千鹤文化传播有限公司印刷　各地新华书店经销
2023 年 6 月第 1 版第 1 次印刷
开本：710×1000　1/16　印张：11
字数：160 千字　定价：99.00 元

凡购本书，如有缺页、倒页、脱页，由本社图书营销中心调换

前言

当今世界经济政治格局呈现新变化，世界多极化、经济全球化深入发展。同时，国际金融危机影响深远，世界经济增速减缓，全球需求结构出现明显变化，围绕市场、资源等的竞争更加激烈。从国内看，人均国民收入稳步增加，经济结构转型加快，市场需求潜力巨大，资金供给充裕。同时，必须清醒看到，资源环境约束，投资和消费关系，收入分配差距，这些都深刻影响每个公民。在这样的大背景下，人们对"财政"一词并不陌生，因为财政现象与税收问题无处不在、无时不在，我国财政及税收制度正进行着深刻改革。

随着中国经济体制改革的深入，市场在资源配置中的基础性作用得到增强，亟待建立起一个更加完善的宏观调控体系，弥补市场的失效。从财政角度来看，财政的意义不再仅仅是政府的一种收支行为，而成为政府的宏观调控手段。财政、税收体制改革因此成为经济改革的热点。现如今任何一个社会公民，都将与财政、税收密不可分，因而对政府收支活动规律的学习与研究变得更加重要。

本书共六章，第一章主要分析了市场与政府、财政与税收的产生与发展以及财政与税收的研究对象、内容与方法；第二章介绍了财政的概念与属性、财政的一般职能、公共财政的内涵和特征、政府预算与财政政策；第三章介绍了财政收入与财政支出、财政收入与财政支出的规模和结构以及购买性支出与转移性支出；第四章介绍了税收的基本理论、税收负担与税收效应、税收体系与税收管理制度；第五章介绍了流转税、所得税、财产税、行为税和其他税种；第六章介绍了税务管理与税款征收、税务检查、税务代理和税务行政处理程序。

在本书编写过程中，我们借鉴吸收了国内外财税研究与教学的新成果，注重理论联系实际，内容新颖实用，论述深入浅出、条理清楚、语言通俗易懂，便于学习和掌握。

由于作者水平有限，书中难免有不妥之处，敬请广大读者予以批评指正。

著者

2023 年 4 月

目录

第一章 导言 … 1
- 第一节 市场与政府分析 … 1
- 第二节 财政与税收的产生与发展 … 12
- 第三节 财政与税收的研究对象、内容与方法 … 22

第二章 财政与财政政策 … 29
- 第一节 财政的概念与属性 … 29
- 第二节 财政的一般职能 … 35
- 第三节 公共财政的内涵和特征 … 45
- 第四节 政府预算与财政政策 … 50

第三章 财政收入与财政支出 … 58
- 第一节 财政收入与财政支出概述 … 58
- 第二节 财政收入与财政支出的规模和结构 … 73
- 第三节 购买性支出与转移性支出 … 85

第四章 税收理论与税收制度 … 94
- 第一节 税收的基本理论 … 94
- 第二节 税收负担与税收效应 … 97
- 第三节 税收体系与税收管理制度 … 104

第五章　税收的分类与税种 …………………………………………… 107

第一节　流转税 ……………………………………………… 107
第二节　所得税 ……………………………………………… 115
第三节　财产税 ……………………………………………… 120
第四节　行为税和其他税种 ………………………………… 123

第六章　税收管理与税务行政处理 …………………………………… 128

第一节　税务管理与税款征收 ……………………………… 128
第二节　税务检查 …………………………………………… 141
第三节　税务代理 …………………………………………… 144
第四节　税务行政处理程序 ………………………………… 152

参考文献 ………………………………………………………………… 164

第一章 导言

政府与市场的关系既是政治学又是经济学的核心问题。一个政府同另一个政府的最大不同，在于政府介入市场的程度。在现代市场经济条件下，由于市场失灵的存在，客观上要求政府介入进行干预。但是，就像市场机制不是万能的一样，政府调控也并非完美无缺。作为经济运行的两个调节主体，政府与市场的组合关系如何，将直接制约经济运转的效率。

财政是随着国家的产生而出现的一个特殊的分配范畴。在原始社会初期，社会生产力水平极端低下，人们共同劳动，共同消费，共同占有生产资料，产品平均分配，以维持人们极低的生活需要。当时几乎没有剩余产品，没有生产资料私有制，没有社会公共需要，没有阶级和国家，因而也没有财政。到了原始社会末期，社会生产力的发展和剩余产品的出现，促进了私有制和阶级的产生，终于使人类社会从无阶级的原始社会过渡到有阶级的奴隶社会，随之产生了国家。国家为了维持国家机器的运转和满足公共需要，开征赋税。这种凭借国家权力强制将一部分社会产品纳入政府手中现象的出现，标志着国家财政产生。

第一节 市场与政府分析

一、市场分析

（一）市场和市场效率

财政必须从市场说起，明确政府与市场的关系是学习财政学和研究财政问题的基本理论前提。从日常生活来看，市场是商品（包括生产要素）交易的场所；

从经济学的角度来看，市场不是指商品交易的场所，而是无数个买者与卖者在相互作用下形成的商品交易机制。这种商品交易机制所形成的基本规律就是供求规律，并通过价格和产量的不断波动，达到供给和需求的平衡。市场这种结构精巧，具有效率的商品交易机制早已被经济发达国家几百年的经济发展史所证实，也被各种经济学说所论证。

（二）外部效应

财政学将外部效应定义为：私人生产成本和社会生产成本、私人经济效益和社会效益之间不一致的现象。即某一厂商从事某项经济活动对他人带来利益或造成损失的现象。可以分为以下类型：

（1）按活动主体分——生产者外部效应和消费者外部效应。

（2）按经济性质分——成本型外部效应和效益型外部效应。

外部成本（负外部效应）指某一厂商从事某项经济活动对他人造成损失的现象。由于生产者的生产成本小于社会生产成本，生产者又不需要给予受损者相应的损失补偿，所以导致增加或过量生产该商品，以获得超额利润。

外部效益（正外部效应）指某一厂商从事某项经济活动对他人带来利益的现象。由于生产者的生产效益小于社会生产效益，生产者得不到相应的效益补偿，从而导致减少生产该商品，造成市场对该商品的供应不足。如上游水库可以使下游地区受益，这是正的外部效应。外部效应典型的例子是公共物品，因为大部分公共物品的效益是外在化的。

需要注意的是：财政学意义上的成本≠会计意义上的成本＝产品生产成本＋社会生产成本。

（三）市场失灵

所谓市场失灵，是指市场无法有效率地分配商品和劳务的情况。对经济学家而言，这个词汇通常用于无效率状况特别严重时，或非市场机构较有效率且创造财富的能力较私人选择为佳时。另外，市场失灵也通常被用于描述市场力量无法满足公共利益的状况。市场失灵的主要根源可以归结为以下几点。

第一，个人自由与社会原则之间存在矛盾。首先基于个人效用最大化原则的帕累托最优概念与社会收入公平原则不一定一致，效率与公平是市场无法自行解决的一对矛盾。其次是价值取向问题，个人价值取向与社会价值取向会产生矛盾，市场无法自行解决这类冲突。

第二，公共产品供给失衡。鉴于公共产品的特征，在市场情况下就会出现两个问题，一是公共产品供给不足，由于成本太高，私人或营利组织不愿承担；二是"搭便车"现象，期望别人出钱，自己享受同样的权利，这最终也会导致公共产品供给不足。因此，在某种程度上，我们可以说公共产品就是市场无法有效率地供给或市场根本就不能提供的物品。

第三，市场的外部效应。按照帕累托最优状态的要求，所有的生产者和消费者之间的经济活动关系都是通过市场发生联系，在市场以外不存在成本与收益的相关性。但事实上，社会中存在着大量无须影响价格就能直接影响他人经济利益的相互作用关系，这种影响经济学上被称为外部经济效应或外部效应。外部效应指厂商或个人在正常交易市场以外向其他厂商或个人提供的便利或施加的成本。这种便利或成本往往是相关者行为的非自愿的结果。外部效应可导致市场在配置社会资源时产生偏差，当存在外部效应时，各个市场主体的边际效益之和与边际成本之和就不再等于社会边际效益与边际成本。这里要指出的是，市场的外部效应有正负之分，外部正效应是指企业带给社会的生产成本小于企业耗费的成本，或者说它的外部效应给他人或社会带来一种"搭便车"的利益，获利者不需要支付成本，如技术进步；反之，外部负效应指某一企业带给社会的生产成本大于企业耗费的成本，环境污染就是典型代表。

第四，经济波动与失衡。市场经济的运行具有周期性，伴随着经济周期性波动而来的是高通货膨胀与高失业率，给人们带来物价飞涨与失业的痛苦。稳定经济运行，"熨平"经济周期的"波纹"是市场机制无法解决的难题。

第五，收入分配不公。在市场经济中，有些人因为拥有稀缺的资源或技能而得到高收入，变得很富有；但有些人却因资源缺乏而难以维持生计。带来了结果的不公平和贫富分化问题。

由于市场具有上述失灵问题，因此我们不但需要市场这种资源配置机制，而且还需要市场之外的资源配置机制——国家（政府）对资源的配置，即公共财政。公共财政是指国家（政府）集中一部分社会资源，用于为市场提供公共物品和服务，满足社会公共需要的分配活动或经济行为。

二、政府干预

（一）政府干预

国外并没有"政府干预"这一说法，而是通常把"政府管制"（Government Regulation）当成"政府干预"的同义词。《新帕尔格雷夫经济学大词典》将"Regulation"译为"管制"，并对"政府管制"这样定义：市场失灵与市场经济相伴相生，为了避免市场失灵，政府在法律允许的范围内而采取的一些限制性措施，以达到规范市场主体各项行为的目的。在这些措施中，市场经济成熟的国家大多采用制定严格法律法规的方式对市场主体的行为进行监督与约束。政府管制在第二次世界大战以后被政治界与学术界所关注。

上述对政府管制的定义侧重于政府对微观经济的干预。而美国经济学家卡恩则将政府管制看成是一种制度安排，是对一个产业或一个行业应遵守的各项规则的制定。

布雷耶尔和麦卡沃伊则将政府管制定义为：对企业产品的生产、销售以及价格所作出的规定，这些规定旨在防止企业损害私人利益，并最终形成相应的规章制度，抑或是法律法规。

经济学中倾向于将市场看作一个"黑箱"，对于管制的界定也是游离于市场背景之外，仅仅是注意到管制的行政方面。而史普博在《管制与市场》中则将政府管制置于市场背景下来考察，他将政府管制定义为：行政机构为了影响企业与消费者之间的供需状况，从而改变市场配置资源的机制而制定的一系列规章制度，并以此为依据对市场进行直接或间接干预的行为。可见，政府管制更侧重于对市场失灵的补救，以公平为原则，实现资源高效的配置。因此，管制行为可以是微观的，也可以是宏观的；可以是直接的，亦可以是间接的。

根据管制目的和方式的不同，政府管制可划分为直接管制与间接管制。通常情况下，行政机关多采用直接管制方式；司法机关则更青睐于间接管制手段。

改革开放以来，我国理论界对政府干预的运用和研究最早见于公共事业领域，后来逐渐扩展到市场领域，经历了从特殊到一般的过程。

有些学者认为，管制是政府为了应对市场失灵，通过各级部门发布的一系列法律法规和政策命令，对象是微观经济主体，以便减少其不当行为；有些学者认为，管制就是政府应对市场失灵所采取的一系列措施，这些措施可以是纯粹的行政命令，亦可以是严肃的法律制度，而不管是哪种方式，最终的目的都是要建立公平竞争的市场环境，从而提高资源配置的效率；有人认为，管制是为了防止垄断所造成的低效率，通过制定一定的规则或采取相应的措施来降低这种效率损失的行为；也有人认为，管制是一种强制性的行为，主要是对特定对象在特定环境下的行为进行干预和影响的活动。

综上所述，政府干预的首要目的就是要应对市场失灵，是市场失灵的一种有效补充，而干预的手段则是多种多样的，最典型的是颁布相关的法律法规。我国政府干预所涵盖的范围将更为宽泛：一是宏观调控，主要表现为政府通过财政和货币政策来影响整个经济社会的行为；二是微观管理，主要表现为政府以国有资产所有者的身份通过影响国有企业的经营决策来实现对经济社会的影响；三是政府管制，主要表现为政府以裁判员的身份按照法律法规的要求对微观经济主体实施的一种外部管理行为。

（二）政府干预是市场经济发展的必然趋势

市场经济从自由竞争向政府的宏观调控转变，是历史发展的必然趋势。自由竞争的市场经济存在于18世纪中叶到20世纪初的历史时期内。自由竞争市场经济的基本特点是：经济运行完全由市场机制尤其是价格机制来调节，政府的作用仅限于维持法律和秩序，至多也只是承担某些公共工程和最低限度的社会保障。对自由竞争市场经济做出系统论证的理论家是古典政治经济学创始人之一的亚当·斯密（1723—1790）。亚当·斯密所处的时代，正是英国从工场手工业向机器制造业过渡的时期。

亚当·斯密在《国富论》中第一次创立了系统的古典政治经济学理论体系。他围绕国民财富的性质和原因进行探究，论证资本主义制度比封建制度更能促进生产力发展和国民财富的增长。亚当·斯密的经济机制理论是以"看不见的手"学说为依据的。他认为，人类在这个资源有限的世界，不断改善自身的命运，在最大限度的个人自由条件下，使人人获得利益和满足。自我诱导和自我支持的内在机制，能推动经济的有效运行。亚当·斯密的经济运行机制理论，可归纳为以下几个要点。

1. "经济人"和利益机制

在亚当·斯密看来，人是理性的，是具有利己本性的。人们从事经济活动，无不以追求自己的最大经济利益为动机。他认为人类几乎随时都需要同胞的协助，要想仅仅依赖他人的恩惠，那是一定不行的。如果能够刺激他们的利己心，要达到目的就容易得多了。

2. 竞争和市场机制

亚当·斯密认为，竞争不仅可以激发主观努力，推动财富增长，在客观上还能调节供求关系，使之趋于平衡。他认为，如果竞争是自由的，各人相互排挤，那么相互竞争便会迫使每个人都努力把自己的工作干得相当正确。竞争和比赛往往引起最大的努力；反之，单有大的目的而没有促成其实现的必要，很少能够激起任何巨大的努力。斯密还认为，竞争对劳动要素和调节资本要素合理配置有重要作用：竞争可以激发劳动要素的能量，鼓励劳动者提高熟练程度和能力技巧；劳动力供给的多少会自动引发雇主间的竞争，引起工资水平的变化，从而使劳动力在部门和企业间合理流动；由于资本家的逐利性，竞争使资本流向利润最大部门，并最终导致利润平均化；部门之间的竞争使工资和利润符合自然率，达到社会资源的合理配置。他认为，竞争离不开市场的作用，市场机制发挥作用，通过价格的高低调节生产要素投入者的实际收入和社会资源在国民经济各部门之间的分配。

3. "看不见的手"的原理

亚当·斯密认为，每个人在努力地运用其资本以实现产出的价值最大化时，通常，既非旨在促进公共利益，也不知道自己在何种程度上促进利益。关心的仅仅是自身的安全和得利。然而，此时亚当·斯密受着"看不见的手"的引导，促成了一个意料之外的结局。通过追求他自己的利益。他往往比他在真正地有意识这么做时能够更加有效地促进社会利益。亚当·斯密认为自己发现了社会经济生活赖以有效运行的"经济秩序"。这种自由竞争市场经济体制下的经济秩序，就是市场机制自发作用所形成的自然秩序。

亚当·斯密认为，自由竞争市场经济是排斥政府作用的。对于这种体制下政府的作用以及政府与市场的关系，他也做了明确的说明：一切特惠和限制制度一经完全废除，则简单明了的天然的自由制度就自然而然地树立起来。每个人只要不破坏法律，就让他完全自由地用自己的方法谋利，并运用他的勤劳和资本同任何别人和其他阶级竞争依据天然自由的制度，当权者只需要尽三种责任：一是保护社会不受另外社会的破坏和侵犯，二是尽可能地保护每个社会成员不受其他成员的侵害或压迫，三是维护某些公共工程和设施，因为这不是个人或少数人的谋利行为所能办得到的。政府的这种作用被人们称作"守夜人"的角色。这些理论对完全的自由竞争市场经济是最好的说明。

但事实并非如此。完全的自由竞争的市场经济只是一种理想的模式，市场经济的非完全自由竞争则是绝对的。使亚当·斯密始料不及的是随着机器大工业的产生和社会化大生产的发展，市场经济国家19世纪以来周期发生的经济波动，特别是1929—1933年的大危机，从根本上动摇了纯粹的自由竞争的市场经济体制。

20世纪30年代以后，资产阶级经济学领域发生了凯恩斯革命。这是英国经济学家凯恩斯对以马歇尔为代表的传统经济理论的挑战。1929—1933年资本主义世界爆发了有史以来最严重的经济危机。这次大危机使资本主义社会陷入"全部毁灭"的危险境地。面对这次空前严重的经济危机，当时占统治地位的传统自由放任的老办法完全失灵了，旧理论不能自圆其说，在政策措施上显得束手无策，一筹莫展。这次大危机宣告了以马歇尔新古典学说为中心内容的自由放任传统经济思想的破产。为了使资本主义免于崩溃，适应私人资本主义向国家垄断资本主义转变的需要，1936年凯恩斯出版了他的代表作《就业、利息和货币通论》，提出了一整套就业理论和反危机政策措施，使资产阶级经济学从以马歇尔学派自由放任为基本内容的价格分析微观经济学中摆脱出来，建立了以需求管理的政府干预为中心思想的收入分析宏观经济学理论，提出国家干预经济的政策主张，这一政策主张首先被美国总统罗斯福所采纳，在美国推行罗斯福"新政"。这标志着自由竞争市场经济开始向有宏观调控的市场经济转化。

第二次世界大战以后，生产社会化程度大大提高，新技术革命迅速发展，使各部门、各地区乃至各个国家之间的经济联系更加密切。同时，随着经济的不断发展，资源问题、环境问题日益突出，人类的生存条件日益恶化，这些都要求政府和国际社会对经济和社会发展进行统一协调。面对这些客观需要，第二次世界大战后，西方国家抛弃了完全放任的自由竞争市场经济，转而采取政府干预下的宏观调控的市场经济。

宏观调控的市场经济是在市场机制作用的基础上，加强了政府对社会经济活动的干预。在这里，政府的作用已不仅仅限于维持法律和秩序，以及建设和维护公共工程与设施，而是在很大程度上介入了国民经济的生产、流通、分配的全过程。它通过财政政策、货币政策和收入政策控制总供求的变动，谋求总供求的平衡；通过建立国有企业和制定产业政策来调整产业结构；通过调节国民收入再分配的过程，建立有效的社会福利和社会保障制度，实现社会的公平目标，维护社会稳定；通过政府的投资和支出、支持科学研究和新兴产业部门的发展；通过制定对外贸易政策，提高本国产品的国际竞争能力。

自由竞争的市场经济向宏观调控的市场经济的过渡，是对自由竞争市场经济的补充、发展和完善，从而使市场经济体制进入充分成熟的形态。与此同时，政府干预也成为一种必然趋势。

（三）政府干预的形式

引发市场失灵问题的原因很多。就外部性原因来说，政府解决的方式有：通过税收和补贴对污染企业课税、为消除污染对企业予以补贴；通过法规制度禁止某些活动；通过立法让受害者予以起诉，采取可能的行动以降低这些受害者的诉讼费用。

应指出的是，虽然市场存在失灵问题，并且要求政府以某种形式进行干预，但是它并没有必然地要求政府进行生产。这在自然性垄断的情况下可以清楚地看出来。在这种情况下，政府至少有五种选择：①它可以无视这个问题；②它可以建立竞争性的政府企业；③它可以赋予政府企业垄断权；④它可以运用法规制度和税收规定保持竞争；⑤它可以约束私人垄断。

即使作出了关于政府干预有存在的价值的判断，人们还必须解决如下问题：①政府生产和利用私人生产商的政府供给之比较；②和政府生产相关联的直接调控和间接调控（如通过法规制度、政府竞争）之比较。

三、公共产品与公共财政

（一）公共产品的理论

公共产品的基本特征：需要与供给是相对应的，有需要就要有供给。社会需要分为社会公共需要和私人个别需要，那么社会产品和服务也分为公共产品和私人产品，公共产品满足社会公共需要，私人产品满足私人个别需要。

1. 公共产品的概念

公共产品是与私人物品相对的，一般采用保罗·萨缪尔森在《公共支出的纯理论》一文中的定义，即纯粹的公共产品是指每个人消费这种产品或服务不会导致别人对该产品或服务获得消费的减少。它是以整个社会为单位共同提出的需要，如国防、公路、法律、环境等。私人物品则是用于满足私人个别需要的产品或服务。

2. 公共产品的特征

（1）消费的非竞争性。是指一个人或厂商对公共产品的享用，不排斥、不妨碍其他人或厂商同时享用，也不会因此而减少其他人或厂商享用该种公共产品的数量或质量。也就是说，增加一个消费者的边际成本等于零，如国防、公用电网、灯塔等，不会因增加一个消费者而减少其他任何一个人对公共产品的消费量。对于一般私人物品来说，一个人一旦消费了某种物品，就会影响其他人对同种物品的消费数量和质量，甚至别人无法再消费此类物品，实际上就排除了其他人同时享用的可能性。其他人要享用，就得另行购买，其边际成本就不为零。

（2）受益的非排他性。是指在技术上没有办法将拒绝为之付款的个人或厂商排除在公共产品的受益范围之外，或者说，任何人都不能用拒绝付款的办法，将其不喜欢的公共产品排除在其享用品范围之外。例如国防，一旦形成了国家国防体系，提供了国防服务，要想排除任何一个生活在该国的人享受国防保护，是非常困难的，或者成本高到不可接受。而私人物品恰恰相反，例如一件衣服或一个面包，购买者按照所标明的价格支付了货币，就取得了该产品的所有权并可轻易地排斥他人消费这个产品，这也就是所谓的排他性。这说明私人物品必须具有排他性，因为只有在受益上具有排他性的产品，生产者才会通过市场来提供。

（3）效用的不可分割性。公共产品是向整个社会提供的，具有共同受益或联合消费的特点。其效用为整个社会成员所共享，而不能将其分割为若干部分，分别归属于某些人或厂商享用；也不能按谁付款、谁受益的原则，将其限定为仅供付款的个人或厂商享用。例如，国防所提供的国家安全保障是对所有人而不是个别人提供的，任何人都无法拒绝国防所提供的安全保障，也不能通过市场把为之付款的人和拒绝为之付款的人区别开来。而私人物品的一个重要特征就是它可以被分割为许多能够买卖的单位，而且其效用只对为其付款的人提供，即谁付款、谁受益，如食品、服装等。

（二）公共财政

1. 公共财政

我国财政部官方网站对公共财政做出如下定义：公共财政是指在市场经济条件下，主要为满足社会公共需要而进行的政府收支活动模式或财政运行机制模式，是国家以社会和经济管理者的身份参与社会分配，并将收入用于政府的公共活动支出，为社会提供公共产品和公共服务，以充分保证国家机器正常运转，保障国家安全，维护社会秩序，实现经济社会的协调发展。

公共财政的核心是满足社会公共需要，其涵盖的范围主要有：行政管理、国防、外交、治安、立法、司法、监察等国家安全事项和政权建设；教育、科技、农业、文化、体育、公共卫生、社会保障、救灾救济、扶贫等公共事业发展；水利、交通、能源、市政建设、环保、生态等基础设施建设；对经济运行进行必要的宏观调控等。

公共财政的市场经济内涵：公共财政在制度上是效率型财政，在体制上是分权型财政，在政策体系上是服务型财政，在管理上是民主与法治的财政。

公共财政是与市场经济相适应的政府为纳税人提供公共产品的法治财政。在市场经济条件下，相对市场机制而言，政府的职能是弥补市场的缺陷，满足社会公共需要，财政则是实现政府职能的物质基础。正是因为市场经济条件下财政存在和发展的主要依据在于满足社会公共需要，市场经济条件下的财政则被称为"公共财政"。

所以，公共财政是在市场经济条件下国家提供公共产品或服务的分配，以满足社会公共需要的政府收支模式或财政运行机制模式，它是与市场经济相适应的一种财政类型，是市场经济国家通行的财政体制和财政制度。

2. 公共财政的基本特性

（1）公共性。即公共财政着眼于满足社会公共需要。公共财政的职能范围是以满足社会公共需要为口径界定的，凡不属于或不能纳入社会公共需要领域的事项，财政就不去介入；凡属于或可以纳入社会公共需要领域的事项，财政就必须涉足。

（2）非营利性。在市场经济条件下，政府作为社会管理者，其行动的动机不是也不能是取得相应的报酬或营利，而只能是追求公共利益，其职责只能是通过满足社会公共需要的活动，为市场的有序运转提供必要的制度保证和物质基础。虽然有时提供公共物品或服务的活动也会附带产生数额不等的收益，但其基本出发点或归宿仍然是满足社会公共需要，而不是营利。表现在财政收支上，财政收入的取得，要建立在为满足社会公共需要而筹集资金的基础上；财政支出的安排，要始终以满足社会公共需要为宗旨。

（3）法制性。即收支行为规范化。公共财政以满足社会公共需要为基本出发点，与全体社会成员的切身利益直接挂钩。不仅财政收入要来自社会成员的缴纳，财政支出要用于向社会成员提供公共产品的事项，而且财政收支出现差额带来的成本和效益，最终仍要由社会成员负担和享受。社会成员对于公共财政的运行有强烈的监督意识，要求和决定着政府财政收支行为的规范化，即以法制为基础、全部政府收支纳入预算、财税部门总揽政府收支。

（4）公平性。公共财政是为满足社会公共需要，以政府为主体进行的分配活动，是与市场经济相适应的财政制度安排。公共财政的公平性，是指财政政策一视同仁，无差别地对待所有的企业和居民，为社会成员和市场主体提供平等的财政条件，而不能针对不同的社会集团、阶层、个人以及不同的经济成分，制定不同的财税法律和制度。

（5）民主性。公共财政的本质是民主财政，是以人民为主体进行的公共决策活动，在规范的市场经济体制下，私人商品和服务的买卖主要依赖于市场的自愿分散决策，而在消费上具有非排他性、非竞争性的公共产品则要求有更强大、更复杂的政府决策。对私人物品的偏好可以通过市场价格机制来表现，而对公共产品的偏好则难以在市场上表现出来，它依赖于政府的集体决策来提供。

公共财政的根本性质是公共性，其立足点是市场经济，产生的原因是弥补市场失灵，主要活动对象是提供公共产品，目的是满足公共需要。公共财政是按国家（政府）提供公共产品的决策方式来划分的类型，与此相应的是"家计财政"和"计划财政"。

第二节　财政与税收的产生与发展

人类的财政活动、财政思想、财政观点甚至财政理论古已有之，中外概莫能外。古代中国和西方的某些国家和地区（如希腊的雅典）都有过较为丰富的财政思想。但是，现代的财政理论、财政制度、财政体系及其运作模式，则直接源于西欧，是随着资本和市场在西欧的萌芽、产生、存在和发展而逐步形成和发展起来的。财政是一种涉及社会生活各个方面的复杂的经济活动，要正确认识并把握它的本质和规律，必须从其最基本的历史联系出发，考察财政的产生与发展。

一、财政的由来

财政一词中的"财"，通常被定义为钱和物资的总称，在现代经济社会里，可以用货币资金来总括；然而"政"则是"管理众人之事"，是政府运用"财"并通过"政策""方法"来实现"政事"的一种管理活动。因此，"政"是有管理、有目的的经济活动。所谓有管理，即对其活动有法律规范，并符合管理的一般原则。所谓有目的，即全面安排国计民生，实现国家的对内、对外职能，特别是经济职能，以达到其政治、经济目的。从这种意义上说，"财政"就是政府管理众人之"财",并通过对"财"的分配和运用来实现众人之事。不过,"财"是货币资金,但又不仅仅限于货币资金,人力、物力均包括其中。而政府则是国家权力机关的执行机关即国家行政机关。因此,又可以更进一步地说,财政是以国家为主体,通过货币资金调动人力、物力,以实现国家职能的各项经济活动。

"财政"一词在公元13~15世纪出自拉丁语中的"Finis",有"结算支付期限"之意,后来又转化成"支款"和"裁判上确定的款项支付或罚金之支付"的意思,"财政"在16世纪转成法文后,才开始有了"公共收入"的意思;在17世纪,通用以指"国家的理财";在19世纪,则是指一切"公共团体之理财";到了20世纪初,该词的最新用法是指"国家及其他公共团体之经济",也就是现在的"公共财政"或"公共财政学",即英文中的"Public Finance"。从人类社会发展过程来看,财政是一种政府的经济活动。对财政的产生与发展可以从两个角度进行研究与分析。

首先,财政是一个经济范畴。研究财政活动也是把财政作为一种经济活动来进行研究的。社会的经济活动表现为生产、分配、交换和消费四个环节。我们知道,社会的经济活动表现为完整的社会再生产过程。财政之所以是一个经济范畴,主要是由于财政本身是一个分配范畴,而分配又是社会再生产四个环节之一,是社会再生产不可缺少的一个重要环节。从这个意义上说,作为分配活动的财政是一个经济范畴。

其次,财政是一个历史范畴。从人类社会发展历史来看,国家不是从来就有的,国家是人类社会发展到一定阶段的产物,因此,以国家为主体凭借社会政治权力参与社会产品分配的财政,也不是从来就有的,财政分配活动也是人类社会发展到一定阶段的产物。

在人类社会发展的早期,在原始社会中,由于生产力水平十分低下,社会生产活动非常简单。劳动资料直接取自大自然,如简单加工成的木棒和便于投掷的石块等;劳动对象也直接取自大自然,当时最基本的生产活动是狩猎。由于生产力水平十分低下,劳动工具非常简单,人们要想在恶劣的条件下生存与发展,必须依靠群体的力量。以血缘关系组成的氏族部落就是维系这种群体劳动的社会组织形式。同样,由于生产力水平的低下,人们能够取得的劳动成果即社会产品非常有限。为维系社会再生产的顺利进行，特别是维系劳动力再生产的延续，对有限的劳动成果必须平均分配。这种劳动资料归氏族社会共有、社会产品在氏族范围内平均分配的现象，可以称为原始共产主义。在这种社会中没有剩余产品，没有阶级，没有国家，也没有财政。

随着人类社会的发展特别是生产力的发展，社会经济活动出现了很大的变化。冶铁技术的出现使劳动工具得到了极大的改善，劳动工具的改善又使得获取的社会产品逐步增加，除了满足社会成员最低限度的需求之外，出现了剩余产品。生产工具的改善也使原本需要很多社会成员共同参加的社会生产活动通过少数或者个别成员的劳动就可以实现。劳动工具逐步由氏族共有转化为个别社会成员所有。社会分工的出现促进了以交换为目的的经济活动的产生和发展。在所有这些因素的共同作用下，特别是剩余产品的出现，逐步产生了私有制。私有制的产生使得人类社会出现了阶级的分化，形成了占有生产资料和剩余产品的阶级和不占有生产资料和剩余产品的阶级，最早出现的是奴隶阶级和奴隶主阶级。

当公共权力产生并开始按地域划分国民时，国家便应运而生。国家产生后，必然需要建立包括军队、警察、监狱和国家政权机构在内的一系列国家机器。国家机器的存在是国家生存所必不可少的。国家机器的出现使一部分社会成员离开了直接的社会生产活动而在国家机器中工作。这就在社会产品分配领域中出现了一个矛盾：一方面，国家机器的正常运转需要消耗社会产品；另一方面，按照社会产品一般分配原理，国家机器又丧失了参与社会产品分配的身份和依据。为此，在社会一般产品分配的过程之外，出现了凭借国家政治权力参与社会产品分配的财政。国家通过财政占有社会产品的最古老的形式就是捐税。

二、税收的产生和发展

税收是人类社会发展到一定历史阶段的产物，是一个历史范畴。随着人类社会的发展和演变，税收得以产生和不断发展，在人类社会的政治、经济、文化生活中发挥着越来越重要的作用。

在社会发展的历史长河中，人类历经了原始社会、奴隶社会、封建社会、资本主义社会和社会主义社会五种社会形态，而税收制度诞生于奴隶社会，至今已有近五千年的悠久历史。

（一）我国税收的起源

我国税收的产生与土地所有制的发展密切相关。我国早期农业的形式是"游农"形式，农业生产方式非常原始，必须经常更换耕地，不能定居生活，因此土地的占有方式只能是氏族公有，而且只是临时占用，不是固定分配，更不能由个人占有。随着人们的生活从游牧走向定居，土地所有制度逐渐明朗，逐步形成了井田制度。夏代，最先开始实行井田制，到了西周时已经发展成熟，成为西周时期典型的土地制度。

在夏朝的井田制度下，全国的土地都归国王所有，国王对其拥有的土地，除了部分归王室直接管理外，大部分赐给诸侯臣属作为俸禄，小部分土地则授予自由平民耕种。他们只有土地的使用权，而不拥有土地所有权，因此称为"公田"。他们还需要从"公田"的收获物中拿出一部分，以"贡"的形式缴纳给国王作为财政收入，《史记》中对此有记载："自虞、夏时，贡赋备矣。""贡"体现的是夏代凭借国家政权力量进行强制课征的形式。到了商代，"贡"法演变成了"助"法，"助"法即"借民力而耕之"。《孟子·滕文公（上）》朱熹注记载，"商人始为井田之制，以六百三十亩之地，画为九区，区七十亩。中为公田，其外八家各授一区"。八家同力"助耕公田"，公田上收获的农产品全部上缴国家财政，其余八区则"不复税其私田"。因此"助"法实际上也是一种力役税，以征取劳役地租的形式实现财政收入。到了周代，"助"法进一步演变为"彻"法。"彻"法打破了井田内"公田"和"私田"的界限，将全部的公田分给平民耕种，收获后，要将一定数量的土地收获物缴纳给王室，即"民耗百亩者，彻取十亩以为赋"。《孟子》曰："夏后氏五十而贡，殷人七十而助，周人百亩而彻，其实皆什一也。"夏"贡"，商"助"，周"彻"，都是国家对土地收获物强制课征的形式，具有地租和赋税的双重特征，因此还不是纯粹的税收，但它们确实是我国税收的起源，是我国税收的雏形。

从周朝到春秋时期，"私田"开始不断增加，"公田"的收入则不断下降。公元前594年，鲁国鲁宣公决定改革周代的"彻"法，实行"初税亩制度"，即不论是公田还是私田，一律按亩征税，即"履亩而税"。标志着井田制度开始从全盛走向瓦解,封建土地私有制度得到了相应的发展。"初税亩"制度首次承认了土地私有制的合法性,首次开启按田亩征收田赋的先河,标志着我国典型意义上的税收的诞生。但是此时租税中既含有凭借土地所有权征收的"租",又包含了凭借公权力征收的"税",依旧呈现了"租税不分"的特点。公元前483年,鲁哀公将军赋和田税合并。到了战国时期,井田制度全面瓦解,被封建土地所有制取代。土地所有制的发展推动了地租和赋税的分离,土地所有者向农民收取地租并向国家缴纳赋税。

除了农业赋税外,我国还出现了工商税收。在商代,商业和手工业已经开始有所发展,但是当时还没有对工商业征收赋税,即"市廛而不税,关讥而不征"。到了周代,商业和手工业进一步发展,开始对经过关卡或上市交易的物品征收"关市之征",对伐木、采矿、狩猎、捕鱼、煮盐等征收"山泽之赋"。这是我国最早的工商税收。

进入封建社会之后,在自给自足的自然经济条件下,农业仍是经济基础,手工业发展缓慢,因此历代封建王朝基本上都是将土地和人丁作为主要课征对象,将对耕地征收的田赋作为主要的税收,同时对人丁征收人头税和徭役。秦代以人头税为主,到了汉代逐步形成以"田有租、人有赋、力有役"为特征的赋税制度,人头税占重要的地位,并长期实行轻"田租"的税收政策。

随后经过三国、两晋、南北朝、隋朝的发展,唐代初期在均田制、计口授田的基础上,实行租庸调制,即"有田则有租、有身则有庸、有户则有调"。田租,每丁年纳粟2石;调,随乡土所产,每丁纳绢两丈或布2丈4尺;庸,每丁每年为官府服劳役20天,不服役的1天纳绢3尺代役1。租庸调制对初唐农业生产的恢复与发展起到了积极的作用。但到了中唐时期,藩镇专擅,户籍混乱,租庸调制表现出极端的不公平,不但难以保证财政收入,还严重阻碍和破坏了经济的发展。唐德宗建中元年(780年),杨炎主持废除租庸调制,推行"两税法"。"两税法"仍然以土地和人丁为课税对象,依照量入为出的原则,根据国家财政支出计算出应征赋税总额,分配到各地,不论是主户还是客户,不分定居和行商,也不分年龄大小,一律按贫富、按拥有土地和财产的多少划分等级缴纳赋税;并将"旬输月送"变为夏秋两次征收,分为"夏税"和"秋税",因此又被称为"两税法"。唐代以后的五代、宋、元直至明中叶都沿用"两税法"。

明万历年间，首辅张居正推行"一条鞭法"，"赋役合一，按亩计税，以银交税"。即将各州县的田赋、徭役以及其他杂征并在一起，合并征收银两，按亩折算缴纳。"一条鞭法"大大简化了征收手续，使农民不再直接负担徭役，有更多的时间耕种土地、发展农业，而且计亩交银的方式使农民有了更大的人身自由，促进了城市手工业的发展，同时也促进了实物税向货币税的过渡。

到了清代，自康熙年间开始在全国逐步推行"摊丁入亩、地丁合一"的办法，即固定丁银不变，最后把丁银完全摊入土地征收。这种地银和丁银合一的课征办法，彻底废除了简单按人丁课征的人头税，实现了人丁税和土地税并重的税制向以土地税为主体的税制的彻底转变，完全过渡到对物课征。至此，我国古代社会税收制度发展达到了最高水平。

在封建社会，除了土地税和人丁税外，随着商业和手工业的发展，被称为杂税的各种工商税收也日益增多。在秦、汉时期就有盐税、铁税、酒税、鱼税等物产税，还有关税、市租等。汉武帝时期还曾向商人、高利贷者或手工业者征收"算缗钱"，向车船所有者征收"算商车"。到了唐代，还征收茶税、矿税、间架税、除陌钱等；清代还有牙税、当税、机织税、子口税、厘金等。

（二）税收产生的条件

税收是人类社会发展到一定阶段的历史产物，税收的产生取决于两个相互制约的条件，一是经济条件，即私有制的存在；二是政治条件，即国家公权力的产生和存在。

1. 经济条件

税收作为一种经济范畴，它产生的条件首先应该从经济基础本身去探索。原始社会末期，随着生产力的不断增加，金属工具、牛耕等新的生产工具和方法的发明，直接促进了相对剩余产品的出现，而对剩余产品的不公平分配产生了私有制。财产私有制是社会发展的必然产物，而私有制是国家税收产生的经济条件。一方面，国家本来就是在私有制基础上阶级矛盾不可调和的产物，没有私有制，没有阶级，没有国家，就没有课税的前提；另一方面，如果国家直接拥有所有土地的所有权，那么国家可以直接占有土地收获物来获取收入，就不需要依赖征税。只有对那些不属于国王或者国王不能直接占有的财产，才有必要通过征税的形式使之转化为国家所有。

因此，在私有制条件下，单位和个人是以生产资料私人占有为依据，即凭借财产权利参与社会产品分配；而国家要参与社会产品分配可以依据两种权力，一是财产权力，如取得租金、利润等形式的公产收入，二是政治权力，如税收、罚没等强制性收入。

2. 政治条件

从税收的起源来看，税收产生的政治条件是国家公共权力的产生与存在。从人类发展的历史来看，税收的产生与国家的产生密切相连。国家的产生是社会经济关系变化的结果，孕育于维护社会共同利益、协调社会经济矛盾的行为之中，赋予了国家公权力，执行"社会公共职能"。同时私有制的产生和阶级的矛盾，需要国家执行"社会公共职能"包括建立法律规范社会行为，通过军队、警察、监狱、司法机关、行政机关等国家机器实行法律，防范不法行为，抵抗外来侵略和自然灾害，保护环境和维护社会秩序等。国家公共权力的存在，一方面使税收的产生成为必要，另一方面国家公共权力的存在也为税收的产生提供了条件。国家为了行使其公共权力，执行其"社会公共职能"，需要依靠征税权取得相应的物质基础，而征税权则需要依赖国家的各种强制性公共权力。

3. 市场失灵与税收

20世纪60年代发展起来的"公共部门经济学"，从国民经济运行的角度，即市场失灵的角度阐述了税收存在的客观性和必要性。

古典经济学派认为，在完全竞争的市场结构下，当消费者和生产者都按照竞争规则自由贸易，市场处于均衡状态时，资源配置达到帕累托最优。但是在现实经济活动中，完全竞争市场结构只是一种理论假设，现实中基本不可能满足。由于垄断、外部性、公共品和信息不对称等因素的存在，市场在资源配置方面无法自动实现帕累托最优，也就出现了市场失灵。在市场失灵的条件下，为了实现资源配置效率的最优，就不得不借助于政府的干预。

为此，政府需要通过财政政策或货币政策对市场活动进行干预，引导经济资源的合理流动和重新配置，从而矫正市场失灵问题。税收政策作为财政政策重要组成部分的事实，决定了利用税收手段解决市场失灵问题的客观性和必要性。例如，对于公共品的有效供给，由于公共品消费的非竞争性和非排他性，很容易出现"搭便车"问题，导致公共品的自愿价格体系失灵。为了避免"搭便车"问题，政府就有必要采取税收的形式向每个人征收一定的费用。又如，对于外部性问题，外部性分正外部性和负外部性两种，政府通过对正外部性行为给予财政补贴，对负外部性行为征收矫正性税收的方式，补贴或征税的金额刚好等于外部边际收益或边际损害成本，促使外部收益或成本内部化，市场主体面对真实的社会收益和社会成本来组织生产和消费，从而使资源得到有效配置。所以，从这个意义上说，市场失灵也是税收产生和存在的前提条件。

尽管在现代社会，市场失灵和税收之间确实存在紧密的联系，但这种关联性只能用于解释特定社会发展阶段中的税收现象，而不能解释所有社会形态下的税收存在。

综上所述，税收是私有制和国家公共权力存在的必然产物，税收的产生离不开一定的经济条件和政治条件，两个条件缺一不可。

（三）税收的发展

随着社会生产力的发展和社会经济情况的变化，税收经历了从简单到复杂、从低级到高级的发展过程。下面从税收确立方式、税收制度结构、税收地位和作用三个方面梳理税收的发展历程。

1. 税收确立方式的发展

随着人类文明的演进，税收的确立方式经历了"自由纳贡""承诺纳税""专制课税"和"立宪课税"四个阶段。

（1）自由纳贡阶段。在人类文明从氏族社会步入奴隶社会后的很长一段时期内，大多是由原始部落联盟演变成国家；还没有形成中央集权制度，国家的赋税主要依赖社会成员和被征服部落自由贡献的物品和劳力。社会成员可以自由地选择贡献物品的种类，贡献的数量和时间等，具有较大的自发性和随意性，各国并没有设定统一的贡献标准，因此从严格意义上来说还不能称为真正的税收，只能看作是处于税收的萌芽阶段。

（2）承诺纳税阶段。随着奴隶制国家的发展和君权的扩大，军费支出和王室费用不断地增加，单靠公产收入和社会成员的自由纳贡已经难以维持。当遇到紧急事故或发生临时财政需要时，特别是遇到战争时，君主会设法开征新税。但是当时王权还受到一定的限制，开征新税或临时税，需要得到社会成员的承诺，之后再将税款分摊下去，然后把筹集到的资财上缴给君主。在这个阶段，赋税不再是自愿和随意的形式，开始具有契约式的约束性和固定性，在某种程度上具有了税收的基本特征，但还不是很完备。

（3）专制课税阶段。奴隶社会末期至封建社会初期，各国陆续建立中央集权制度和常备军制度，君权不断扩大，国家不断发展，财政支出和王室的费用也随之不断地膨胀。国王不得不废除以前的承诺制度，实行专制课征，社会成员必须履行纳税义务，这样可以实现不受约束地任意增加税收。与此同时，为了笼络贵族和教士，减少统治阶级内部的阻力，赋予了他们免税的特权。此时，税收的专制色彩日益增强，已经具有政治权力和私有财产权力对抗的意义，税收开始从不成熟形态走向成熟形态。

（4）立宪课税阶段。随着社会生产力的进步和私有财产权的发展，在封建社会末期，税收成为政府主要的财政收入来源，成为私有财产权固定和经常性的负担。因此，社会成员要求建立相应的制度来对封建君主随意征税的行为进行适当约束，即通过立宪的方式征税。在资产阶级夺取政权后，废除了封建君主专制制度，实行资产阶级民主制和选举制。在现代资本主义国家，不管是采取君主立宪制还是采取议会共和制，一般都需要制定宪法和法律，国家征收任何税收都必须经过立法程序，君主、国家元首或行政长官不得擅自决定征税，并逐步确立了依照法定标准课税的立宪课税和税收法定观念。

2. 税收制度结构的发展

税制结构是指国家税收体系的整体布局和主辅搭配，是构成税收制度的各税类、各税种在社会生产中的分布状况及其相互之间的结构比例关系。根据主体税种特征的不同，税制结构大致可以分为三种类型：以所得税为主体的直接税税制结构、以货物和劳务税为主体的间接税税制结构、货物劳务税和所得税并重的双主体的税制结构。历史上税制结构的发展可以划分为以下四个阶段。

（1）古老的直接税制阶段。在古代的奴隶社会和封建社会，自给自足的自然经济占统治地位，商品经济极不发达，国家统治者只能采取直接对人或物征收简单的直接税，最主要是土地税和人头税。这一阶段的税制结构以农业税收为主体。虽然当时也开始出现对城市商业、手工业及进出口贸易的课税，但数额很少，仅作为税收制度的补充。

（2）间接税制阶段。18世纪中叶工业革命后至第二次世界大战前，发达国家的税制结构转向以消费税和关税等间接税为主体，直接税作为补充。进入资本主义社会后，商品经济日益发达，为对商品交换和流通行为课税提供了广阔的税源，逐步形成以间接税为主的税收制度。1940年，发达国家的税收收入中，消费税是第一大税种，所占的比重平均达到了59%，而个人所得税、企业所得税和社会保障税三项直接税合计所占的比重仅有24%。但这一时期末期所得税和社会保障税的逐步确立为第二次世界大战后发达国家税制结构的变革奠定了基础。

（3）现代直接税制阶段。第二次世界大战前后至20世纪80年代，发达国家的税制结构转向以所得税、社会保障税为主体税种，间接税作为重要的补充。随着个人收入水平的不断提高，个人所得税税基拓宽，收入比重迅速提高，成为一种"大众税"；另外随着福利国家的兴起，社会保障支出在公共支出中所占的比重不断加大，从而使社会保障税所占的比重也不断加大。如美国所得税和社会保障税所占的比重从1935年的30.2%提高到1945年的83.7%。

（4）现代复合税制阶段。自20世纪80年代以来，逐步形成了以所得税、社会保障税和货物劳务税为主体，财产税等其他税收为补充的复合税制结构。继20世纪50年代法国开征增值税后，越来越多的国家开征增值税，增值税为各国提供了重要的收入来源，逐步成为许多国家的第三大税种。经过长期的发展，目前世界各国的税制结构相对稳定，并呈现一定的趋同化趋势。

3. 税收地位和作用的发展

随着时间的推移，人们对税收地位和作用的认识也在不断深入。税收不仅可以作为政府收入的重要来源，而且在筹集收入的过程中，通过征税与免税、轻税与重税的区别对待，还可以起到调节生产和消费，影响人们经济行为和经济、社会发展的作用。影响税收地位和作用的因素主要有以下几点：一是经济发展水平。一般来说，越是经济发达的国家，税收的地位和作用越显突出和重要。二是所奉行的经济理论和财政政策。因为一国的社会发展和经济建设主要是以该国占统治地位的经济理论为依据开展的，财政实践也是如此。一般来说，在崇尚经济自由化的国家，税收的地位和作用相对较弱；而在奉行国家干预政策的国家，税收的地位和作用就相对更强。三是所选择的经济管理体制。该因素的影响主要存在于社会主义国家，如在传统高度集中的计划经济体制下，国家直接把握经济命脉，往往采取利润上缴等更直接的形式来获得财政收入，因此，税收占政府收入的比重相对较低。

（1）税收地位的发展。税收地位的发展变化，主要体现为税收收入在政府财政收入中所占比重的变化及其对经济、社会的影响程度。在封建社会制度下，政府收入的主要来源是公产收入和特权收入，只有当政府收入中公产收入和特权收入不足时，才征收税收，税收在社会生活和国民经济中处于从属地位。但经济的发展、公产收入、特权收入的减少，使得税收收入在财政收入中所占比重越来越大，逐步成为当今世界各国政府规范财政收入的最主要来源。在我国，改革开放特别是两步"利改税"之后，国有经济上缴利润占财政收入较大比重的地位迅速被税收取而代之。

（2）税收作用的发展。早期税收的主要作用是筹集政府收入，弥补财政收入的不足。随着税收规模的不断增长，税收的作用日渐多元化。从最初筹集资金满足国家各项支出的需要，发展为宏观调控的重要工具。世界各国的税收在促进资源优化配置、调节收入分配、稳定经济发展等各方面发挥着日益重要的调控作用。虽然在理论和实践层面不时有人提出税收中性原则，但毋庸置疑的是，税收政策已然成为当今世界各国政府调控经济资源、引导收入分配的不可替代的重要手段。

第三节　财政与税收的研究对象、内容与方法

一、财政与税收的研究对象

（一）财政与税收的现象和问题

1. 财政与税收现象的存在

在现实经济生活中存在着许多财政现象，社会成员在其生产和生活的过程中经常会涉及财政问题。例如，人们对于依法纳税、购买公债、税收减免、财

政预算等，都已经非常熟悉。对于所有社会成员来说，政府是不可或缺的。离开了政府提供的各种公共服务，整个社会经济是无法正常运转的，如社会秩序维护、国家安全防务、外交事务处理、交通设施建设、大型水利项目施工、生态环境改善、公众利益保护等。而所有的政府公共服务活动，又总是或多或少地需要财力的支持，即伴随着一定量的政府财力的安排和使用。社会成员必须把特定的权力让渡给特定的公共组织，由这个公共组织通过特定的途径和方法来为社会成员提供共同消费所需要的物品和劳务。社会成员所让渡的权力的总和即为公共权力，被赋予公共权力的公共组织是国家，国家所代表的公共权力是由不同的职能部门或政府机构来行使的。于是，公共权力分别表现为立法权、司法权和行政权三个基本方面，行使行政权力的机关总称为政府。通常将一个社会中属于政府所有，并贯彻执行政府方针政策的各种实体的总和称为公共部门。公共部门通常具有以下两个共同点：一是都具有公办的性质，它们是政府出资设立的，它们的营运依赖于公共资产；二是都受到政府不同程度的控制，政府是它们的所有者，它们的活动直接体现为政府的行为，执行着政府的意志。政府部门是指公共部门中不从事产品或服务的销售，不依靠销售取得主要收入来源，免费或部分免费地向公众提供产品或服务的单位的总和。

社会公众共同需求的满足是借助对公共物品和劳务的消费来进行的，而为了保证公共物品和服务的提供，政府代表公共权力依法占有一部分社会资源，形成一定时期的政府收入，再由政府按照一定的程序把这些收入用于满足社会公共需要的各个方面，于是就形成了该时期的政府支出。为了管理政府的收入和支出活动，需要设立专门的政府机构，即财政部门、税务部门和海关等。当然，公共权力中的立法权和司法权的行使也需要政府提供相应的经费才能进行，而立法权和司法权的有效行使也会对政府的行政权力发挥监督和保障作用。所以说，国家的存在和运行都是围绕着政府提供满足公共需求的公共物品和服务而展开的。由于现代政府所具有的庞大规模、众多机构、繁杂职能等因素，导致政府必须通过自身的收入和支出来支配与使用其国内生产总值（GDP）中相当大的份额，如西欧、北欧国家政府所占用的 GDP 常常达到 40%~50%。即使是在广大发展中国家，政府所占用的 GDP 也经常徘徊在 30%。

从逻辑关系上说，财政与税收是财政与税收现象和财政与税收本质的有机统一体。财政与税收和国家或政府的关系，财政与税收与社会经济的关系，都属于财政与税收本质研究的范畴，当然也就是财政与税收研究的核心问题，是研究财政与税收理论与实务的出发点和归宿。财政与税收是国家政治经济活动的综合反映。

2. 财政与税收问题的提出

尽管人们对于各种财政与税收现象司空见惯，可是当人们面对一系列的重大财政与税收问题时却又表现得非常困惑，如财政收入占 GDP 的比重多大才是适度的？这个比重上升或下降会对国家经济发展和人民生活带来什么样的影响？如何提高这个比重？企业的税收负担确定在什么样的水平上，才可以既保证政府各项支出的需要，又不会使企业失去应有的发展动力？如何加快我国的税制改革，真正建立起符合社会主义市场经济内在要求的税收体系？政府耗费巨资兴建大型基本建设工程，对经济发展和结构优化发挥了什么样的作用？它们的经济效益和社会效益究竟如何计量？给社会公众带来了哪些实惠？为筹集财政资金或弥补财政赤字，政府连续多年向居民和企业发行公债，会不会造成债务危机的爆发？……可以说，人们日常生活中所认知的财政与税收，实际上只是对于一系列财政与税收现象所做的基于长期实践而形成的一个约定俗成的称谓。因为这些财政与税收现象的发生客观上涉及政府、企业、家庭等多方面的关系，研究这些方方面面的关系是回答所有财政与税收问题不可避免的前提条件。

（二）财政与税收的研究对象

不同的社会发展时期，财政与税收的研究对象是有所不同的。早期的代表人物是亚当·斯密，基于自由放任的经济思想，他认为财政与税收仅需要研究政府收入和支出本身，且政府支出也只限于政府正常的行政活动开支，如国防、司法、教育、公交和公共工程等；同时他系统提出著名的税收四原则：能力原则、确定原则、便利原则和节约原则。亚当·斯密的财政与税收理论影响西方的财政与税收思想达 150 年之久。直到 20 世纪 30 年代，被称为财政学派的凯恩斯提出政府要运用财政与税收等政策干预经济活动的主张和思想，政府的财政与税收支出直接形成有效需求的组成部分。该学派认为，政府执行财政与税收政策，通过公共支出和税收收入可以促进经济稳定增长。到了 20 世纪 60 年代，现代财政与税收的研究对象已超出收入和支出管理的范围，而扩大到公共部门经济的整个领域，即研究怎样通过财政与税收体制的设计和政策选择来消除通货膨胀、失业和经济衰退，以实现国民经济可持续增长的政策目标。

财政与税收活动是社会再生产过程和国民经济运行的一个环节或一个组成部分，政府的财政与税收行为必须执行国民经济系统所赋予的职能，服从社会经济运行和发展的总目标。因此，财政与税收研究的主要问题是：分析和评估政府财政与税收活动所占有和使用资源的数量对社会经济的影响程度，特别要正确判断其对社会公平、效率和经济稳定增长目标实现的效应如何。从这一意义上说，财政与税收主要研究政府经济活动的内在规律及政府经济活动与市场经济活动的依存关系。

财政与税收和国民经济的关系是本书研究的一条根本线索：国民经济运行决定财政资金运行的范围、目标和方式；财政资金的运行反过来影响国民经济的运行，财政资金收支总量上的平衡与否影响着社会总供求的平衡关系。财政与税收在学科体系中起着衔接一般经济、管理理论课程和财政与税收业务课程的中介作用，它一方面将经济学、管理学的理论研究引向政府经济领域；另一方面对财政与税收现象进行理论层面的分析。作为一门应用性理论学科，财政与税收力图透过种种财政与税收现象，揭示支配这些现象的客观规律。

（三）财政与税收的研究目的

在现代经济社会中，政府财政与税收活动有着举足轻重的作用。政府财政与税收政策实施的强有力的工具深刻影响着社会中的每一个消费者、投资者、储蓄者、借款人、雇主或雇员的经济行为，一个社会中所有的企事业单位和公民都是生活在国家或政府财政与税收活动影响的环境中且绝非单纯处在被动接受影响的地位上。当大家都意识到政府所花费的资金来自每一位公民——纳税人的口袋，它所带来的利益或弊端都与每一位公民的切身利益有直接关系时，就自然渴望了解政府在"干什么""怎样干""干得如何"；纳税人的权利与义务的内涵与外延如何界定、有无保障等。

综上所述，财政与税收研究的目的就是要讨论如何将经济分析的一般工具有效地运用于分析政府财政与税收活动及其政策的实施。学习财政与税收就是要使经济管理类各专业学生，除了具有本专业的专门知识和技能之外，还知晓政府所制定的各项财政与税收制度和政策，同时能够具有一定的分析、评价和预见政府财政与税收活动可能产生的结果的能力，进而使其具有为增大自身整体利益而主动、事前做出选择和决策的能力。

二、财政与税收的研究内容与方法

（一）财政与税收的研究内容

财政与税收活动是政府对社会资源的占有、支配和使用。政府选择一定的方式获取资源筹集收入，并按社会的公共需求来支配、使用其占有的资源，这是属于对社会资源配置和再配置的过程。在此过程中，政府需要占有多少资源、占有什么样的资源、以什么样的方式占有资源？如何在各种社会公共需求之间进行分配和使用这些资源？政府的财政与税收活动对私人部门在整个资源配置中的份额有何影响？对不同社会成员的不同利益关系有无影响？对于这些问题的研究和分析就构成了政府财政与税收活动的核心内容。也就是说，财政与税收是研究政府通过公共部门所从事的生产、消费和分配活动的学科。

在一个经济社会中，消费者取得消费权的方式有两类：一是市场提供，二是公共提供。所谓市场提供，是指各消费者通过购买方式取得对产品或服务的消费权。现实生活中通过市场提供方式进行消费的对象主要是日常生活用品和服务；一些公共项目也可以采用市场提供方式，如公共交通设施通过收取养路费来筹集资金、高等教育通过收取学费来弥补成本等。所谓公共提供，是指消费者可以免费地从政府部门获取产品或服务的消费权。政府之所以能够免费向消费者提供产品或服务，是因为政府可以通过税收手段取得主要收入来源，以补偿所提供的产品或服务的生产成本。因此，公共提供必须依赖于税收，公共提供的范围越大，通过税收从个人收入中扣除的份额也就越大。现实中的消费方式并不一定以纯粹的形式存在，有些产品或服务的消费是公共提供与市场提供的混合运用，而两者各自所占份额的大小取决于政府在多大程度上为消费者付账。就可能性而言，一切产品和服务都可以采用公共提供的方式，但并非所有产品和服务都可以采用市场提供的方式。研究财政与税收要回答的是：哪些产品和服务必须或者应该采用公共提供,而哪些产品和服务不适合于公共提供,以及由公共提供或公共提供与市场提供混合的规模与比例怎样确定等。

从整个社会来看,生产方式也有两类:一是私人生产,二是公共生产。所谓私人生产,是指以私人为生产资料所有者,所生产出来的产品或服务属于私人所有的生产方式。所谓公共生产,是指以政府为生产资料所有者,其生产组织形式是各种政府所属的行政和企事业单位。就可能性而言,一切产品和服务都可以采用公共生产方式生产,但绝大多数产品和服务也都可以采用私人生产方式生产,两类生产方式各有利弊。研究财政与税收要回答的是:哪些产品和服务的生产适合采用公共生产方式,哪些产品和服务适合采用私人生产方式,采用不同生产方式生产的效率如何等。

社会产品或收入的分配有两种基本形式:一是市场分配,二是政府再分配。所谓市场分配,是指按照市场竞争价格和个人对生产所做贡献的初次分配。所谓政府再分配是指政府通过其收支活动,对市场初次分配形成的收入格局进行的调整和改变。这里是说,财政与税收要研究两种分配问题:一是社会产品或收入如何在公共部门和私人部门之间的分配问题,该分配比例问题的解决需要通过对公共提供与公共生产的讨论得出结论;二是政府公共部门所占有、支配和使用社会产品或收入所带来的利益如何被各个社会成员所分享的比例问题。

(二)财政与税收的研究方法

1. 规范分析与实证分析相结合

规范分析要回答的问题是"应当是什么",即确定若干准则,并据以判断研究对象目前所具有的状态是否符合这些准则,如果存在偏离,应当如何调整。规范分析运用于财政学,就是要根据我国社会主义市场经济这一制度前提,根据公平与效率这两大基本社会准则,来判断目前的财政制度是否与上述前提和准则相一致,并探讨财政制度的改革问题。实证分析,就是依据事物的本来面目去描述事物,说明研究对象"是什么",它着重探讨经济现象的客观性。实证分析法运用于财政范围就是要按照财政活动的原貌,勾勒出从财政取得收入直到安排支出的全过程及其产生或可能产生的经济影响，财政活动同整个国民经济活动的相互作用，以及组织财政活动所建立的机构、制度和各种政策安排。

2. 定量分析与定性分析相结合

财政关系由量变到一定程度引起质变。因而只有研究了量的变化程度，才能对质有确切的把握。财政学的研究不仅要注意财政分配性质的分析，还要关注财政收支比例变化的规律分析。

第二章 财政与财政政策

财政是个历史范畴,是历史发展到一定阶段的产物。财政又属于经济范畴,是为满足社会公共需要对社会产品进行的集中性分配,具有配置资源、公平分配、稳定经济等重要职能,在社会经济发展中发挥着十分重要的作用。

第一节 财政的概念与属性

一、财政的基本概念与基本特征

(一)财政的基本概念

财政是一种政府的经济活动,也是一种特殊的分配。财政分配的主体是国家,参与分配的依据是社会的政治权力,分配的对象是社会剩余产品,分配的目的是提供公共产品满足社会公共需要并使政府经济领域的经济活动与市场经济领域的经济活动相协调,保持整个社会再生产过程的协调运行。基于这样的认识,可以说,财政是以国家为主体,凭借政治权力,为满足社会公共需要而参与社会产品分配所形成的政府经济活动,并通过政府经济活动使社会再生产过程相对均衡与协调,实现社会资源优化配置、收入公平分配以及国民经济稳定与发展的内在职能。在这一基本概念中,"以国家为主体"说明的是财政分配的主体,"凭借政治权力"说明的是财政分配的依据,"为满足社会公共需要"说明的是财政分配的最终目的,而"实现社会资源优化配置、收入公平分配以及国民经济稳定与发展"则说明的是财政的职能。

关于财政的概念，学术界存在以下三种不同的观点：

（1）国家分配论。这种观点认为，财政是国家为了满足实现其职能的物质需要，并以自身为主体参与社会产品的分配活动及形成的分配关系，这种活动具有强制性和无偿性。

（2）剩余产品论。这种观点认为，财政是一种物质关系，即经济关系，是随着社会生产的不断发展，在剩余产品出现以后逐渐形成的社会对剩余产品的分配过程。

（3）社会共同需要论。这种观点认为，财政是为了满足社会的共同需要而进行的分配活动，在国家存在的情况下，这种分配活动表现为以国家为主体的分配活动。

以上几种观点虽然各有不同的侧重点，但有几点却是共同的。例如，都承认财政的分配主体是国家或政府，分配的客体是一部分社会产品（剩余产品），财政分配的目的是国家履行其职能，以满足社会公共需要。

在社会主义市场经济发展的今天，财政的概念被赋予了更多的内容。因此，可以把财政的概念表述为以国家（或政府）为主体，通过政府的收支活动，集中一部分社会资源，用于履行国家职能，提供公共产品以满足社会公共需要的经济活动。

从经济学意义上来讲，财政是一种以国家为主体的经济行为，是政府集中一部分国民收入用于履行政府职能和满足公共需要的收支活动，以达到优化资源配置、公平分配以及经济稳定和发展的目标。

实践中，财政表现为政府的一系列收支活动或政府的理财活动。财政的概念包括如下四个方面的具体含义：

（1）财政分配的主体是国家（政府）。

（2）财政分配的客体是一部分社会产品或国民收入（其中主要是剩余产品）。

（3）财政分配的形式既有实物和力役形式，也有价值形式。

（4）财政分配的目的是满足国家实现其职能的需要。

（二）财政的基本特征

作为一种分配方式和资源配置方式，和市场机制相比，财政具有以下一些基本特征。

1. 财政分配的主体是国家

在任何社会形态下，财政分配都以国家的存在为前提，国家在财政分配当中，趋于主体地位。首先，国家是财政分配的前提。国家直接决定着财政的产生、发展和分配范围。如果没有国家这一分配主体，就不会有国家财政这种分配形式。或者说，非国家为主体的分配，都不属于财政分配。其次，国家在财政分配中处于主动的、支配的地位。国家是财政分配活动的决定者、组织者和执行者。财政收入的取得，财政支出的安排，财政分配规模的大小，财政资金的来源和使用方向，决定于国家的意志。因为财政分配的主动权、支配权在国家，因此，财政是国家直接可以用来调节经济的强有力的手段和物质力量。最后，财政分配是在全社会范围内进行的集中性分配。既然财政分配的主体是国家，而国家是整个社会和全体国民的代表，是社会在一个有形的组织中的集中表现，它要执行某种社会职能，政治统治到处都是以执行某种职能为基础，而且政治统治只有在它执行了它的这种社会职能时才能持续下去。国家作为整个社会的代表和它执行的社会职能，决定着财政分配是在全社会范围内进行，具有社会性和集中性的特点。

2. 财政分配的对象是国民收入中的剩余产品

社会总产品的价值包括已消耗的生产资料的价值（c）和劳动者创造的价值（$v+m$）两部分。其中 v 是劳动力的价值，m 是剩余产品的价值，（$v+m$）构成国民收入。社会总产品的初次分配是在物质生产领域中进行的。在我国，企业在补偿已消耗的生产资料价值以后，企业所创造的国民收入，经过初次分配，形成职工的个人收入（相当于 v）和企业纯收入（相当于 m）两大部分。企业纯收入的一部分集中到国家财政，由国家统筹使用。国家对集中于国家财政的国民收入进一步的分配通称国民收入再分配。由于财政分配的客体是剩余产品，就决定了财政分配的永久性，这是一切国家财政所共有的特征。在我国，国家可以直接参与物质生产领域内的社会产品或国民收入的分配，财政除了主要担负国民收入中剩余产品（m）的分配外，还参与一小部分补偿基金（c）的分配。在资本主义社会里，生产成果中用来补偿生产资料消耗部分的 c 不能成为财政分配的客体。

3. 财政分配的目的是提供公共物品，满足社会公众需要

与市场提供的私人物品不同，财政为满足社会公众需要而提供的公共物品具有下列性质：

（1）效用的不可分割性。公共物品是向整个社会提供的，具有共同受益与消费的特点，其效用为整个社会的成员所共同享有，不能将其分割为若干部分，分别归个人或社会集团享用。但可以依据受益范围的大小，将公共物品区分为全国性和地区性的公共物品，也可以依据公共物品的共享性的程度，将其分为一般公共物品和纯粹的公共物品。后者只能由政府通过公共财政的方式来供给。

（2）消费的排他性。某个人或集团对公共物品的消费，并不影响或妨碍其他个人或集团同时消费该公共物品，也不会减少其他个人或集团消费该公共物品的数量和质量。公共物品不能由拒绝付款的个人或经济组织加以阻止，任何人都不能用拒绝付款的方法，将其不喜欢的公共物品排除在其享用品范围以外。由于公共物品的收益的排他性，市场就不能提供足够的公共物品，只能由财政加以弥补。

（3）取得方式的非竞争性。某一个人或经济组织对公共产品的享用，不排斥和妨碍其他人或组织同时享用，消费者的增加不引起生产成本的增长，即增加一个消费者，其边际成本等于零。而私人物品必须是借助于市场机制，通过价格竞争取得。

（4）公共物品供给的非盈利性。提供公共物品不以赢利为目的，而是追求社会效益和社会福利的最大化。而私人物品的提供则是追求利润的最大化。公共物品的特征决定了市场在提供公共物品方面是失灵的，它必须由政府财政来提供，因此决定了政府财政支出的范围。

4. 财政的分配过程是一个公共选择过程

私人物品的供给和消费都是借助于市场机制，由厂商和消费者依据利润最

大化原则，自主决定、自由选择，而公共物品的供给数量、品种、方式，只能由各利益集团借助于民主政治的形式由集体做出决定。可以说，私人物品的供给和消费是通过经济市场来实现的，而公共物品的消费则是借助于政治博弈过程来实现的。

5. 财政分配方式具有强制性和无偿性

这也是财政分配同一般分配的主要区别。古今中外，任何社会的国家财政都具有这一重要特征。所有的国家财政，都是凭借国家的政治权力规定的法律制度进行强制征收。由于是强制的，因而又是无偿的，即国家以赋税形式从纳税人那里强制征收后，便不再直接返还，这是财政的一般共性。但是社会主义财政的强制性与无偿性具有新的特征。社会主义财政是为人民大众的眼前利益和长远利益服务的，是对社会物品所作的必要扣除。所以，它的强制性和无偿性是相对的，它体现了社会主义财政分配的强制性与自觉性之间，无偿性与偿还性之间的辩证关系。

二、财政的属性

参与社会产品的分配是财政的基本属性。没有国家公共权力的出现，就不会有国家参与社会产品的分配。

（一）财政分配的主体

财政分配的主体是国家。财政分配是由国家来组织的，国家在财政分配中居主导地位。

国家是财政分配主体，表现在如下几个方面：①国家是财政分配的前提。这是我们前面所阐明了的。②国家在财政分配中处于主导地位。国家是财政分配活动的组织者和支配者，财政收入的取得、财政支出的安排、规模的大小、收入来源和使用的渠道，都是由国家支配和决定的。而且，国家还利用这种支配权，把财政作为调节社会经济发展的强有力的手段和物质力量。③财政分配是在全社会范围内进行的集中性分配。国家是全民族根本利益的总代表，具有执行社会职能的基本职责，把社会集中的财力进行统筹安排，用于社会发展的各个方面，促进社会的发展，是财政分配集中性的客观要求。

（二）财政分配的对象

财政分配的对象是社会产品，主要是剩余产品。首先，从价值构成来分析，主要是剩余价值；其次是劳动者的个人收入。在特定条件下，财政是可以参与补偿基金分配的。1985年之前，我国财政参与国营企业折旧基金的分配就是特例。

（三）财政分配的目的及社会公共需要的特征和内容

财政分配的目的是保证国家实现其职能的需要，即满足为社会提供安全环境、维持公共秩序、保护公民基本权利和创造经济发展的社会条件等方面的需要。这种需要统称为社会公共需要。社会公共需要不同于微观经济主体（企、事业单位及个人）的个体需要。

第一，社会公共需要具有公众需要性。社会公共需要是社会公众在社会经济生活中发生的共同需要，既不是个人需要和个别需要，也不是二者的简单相加，而是就社会需要的总体而言。换句话说，财政为社会提供的公共需要，不是为个别人或个别单位提供的，而是为社会公众提供的。社会成员对这种公共产品的消费具有不可分割性，这一点与个人消费品是完全不同的，个人消费品只有通过效用分割以后，才能满足消费需求。

第二，社会公共需要具有共同享用性。为满足社会成员的共同需要所提供的公共物品由社会成员共同享用，任何单位或个人对这类物品的享用不排斥其他社会成员的需求和享用。而为满足个人和个别单位需要提供的物品，社会成员只能将其为自己享用，排斥其他成员对它的占有和享用，具有排他性。

第三，社会公共需要项目具有非盈利性。财政为社会公众提供满足共同需要的一切投资和这些投资形成的各种各样项目一般具有非盈利性，所以社会成员享用这些为满足社会共同需要提供的物品和服务，不需要付出代价或只需支付少量费用。满足个体消费的物品则不同，它必须以等价交换为原则，支付费用，才能享用。

社会共同需要不仅具有以上特殊性，而且具有丰富的内容。

第一，完全公共需要。即保证实现国家职能的需要。国家职能包括国家政权的职能和社会管理服务职能。这些需要有公、检、法、安全防务、外交、行政管理以及普及教育、卫生保健、基础科学研究、生态环境保护等。满足这些共同需要的一切投入，一般都是由财政安排的。

第二，半社会公共需要。是指社会公共需要与个人需要相互包容的一些需要。国家教育体系中的高等教育就属于这一类。一方面，高等教育可以为国家培养经济建设的专门人才，是社会发展必需的。所以它理所应当属于社会公共需要。另一方面，各国由于种种原因，不是全体社会成员都可以享受高等教育，高等教育变成了只能满足少数社会成员的个别需要。所以，各国政府兴办高等教育的同时，也鼓励社会成员兴办高等教育。一部分人接受高等教育支付一定费用是应该的。另外，医疗卫生、体育事业也是如此。

第三，满足经济发展的社会条件的需要。这里所说的社会条件是指保证社会经济发展的共同外部条件，如邮电、电信、航空、铁路、公路、供水、供气、供电以及城市公共设施及基础产业等。在这些领域中，有一些项目具有非竞争性，有一些属于企业和个人无力承担的项目。另外，由于这些部门所提供的产品在使用上具有不可分割性，它不可能被社会成员单独占有，也不可能包含在企业生产的某个环节中，而是在直接生产过程之外，表现为单个生产过程的"联络动脉"，具有广泛的社会效益，因而它具有"公共产品"的性质。社会公共需要，是一种同性需要。即在任何社会形态下都存在社会公共需要，这种公共需要，只是在不同的社会形态中其内容有所不同，不会随着社会形态的更替而消失，反而会随着社会形态的更替和社会文明程度的提高得到丰富和发展。

通过前面的分析，我们可以把财政的概念概括为：财政是国家为了满足社会公共需要对一部分社会产品进行的集中性分配。这里需要注意的一点是，一方面，财政分配不是实物量的分配，而是对社会产品价值量的分配，一般称为财政分配的货币化；另一方面，财政分配的集中性是以国家为主体，由国家作为组织者和支配者的社会产品的特殊分配形式。

第二节　财政的一般职能

财政职能是指财政作为国家依托政治权力分配社会产品、调节经济活动的重要手段所具有的职责和功能，是由财政本质所决定的，是不以人的意志为转移的。

财政职能指财政客观存在的固有功能。只要财政存在，财政的这一固有功能就不会消失。在市场经济体制下，公共财政职能的分析起点是市场、政府、公共财政职能三者之间的逻辑关系。市场作为资源的主要配置者，起着基础作用，政府只能在资源的配置中起补充和校正作用，只有在市场无法解决或市场虽能解决但解决不好的领域，政府的介入才是必要的。财政作为政府职能的化身，对资源的配置与市场配置资源存在着一种相互依存的互补关系，并不排斥市场机制。具体来说，公共财政主要有三大职能，即配置资源职能、调节收入分配职能、稳定和发展经济职能。

一、资源配置职能

（一）资源配置职能的概念和配置资源的途径

资源的稀缺性使人类必须合理配置资源，资源配置的方式不外乎两种：一种是市场的基础性配置资源，另一种是政府配置资源。由于存在市场失灵，且市场配置资源有时还存在一定程度的盲目性，决定了财政的资源配置职能既包括对用于满足社会公共需要的资源直接分配，又包括对全社会资源的间接引导两个方面。

所谓资源配置，是指通过对现有的人力、物力、财力等社会经济资源的合理调配，实现资源结构的合理化，使其得到最有效地使用，获得最大的经济效益和社会效益。财政的资源配置职能是指政府通过财政收支以及相应的财政税收政策，调整和引导现有经济资源的流向和流量，以达到资源的优化配置和充分利用，实现最大的经济效益和社会效益的功能。

首先，通过税收、国有资产收益、发行国债和其他方式将一部分资源转移到政府；其次，通过财政支出把这部分资源通过拨款、投资、补贴等方式用于各种公共物品和劳务的生产和提供。在此过程中，引导、调节私人部门的投资方向，使之符合国家的产业政策和生产力布局所要求的方向，实现资源在政府部门和非政府部门之间的合理配置，间接调节社会投资方向，优化财政支出结构，提高财政配置资源的效率。

（二）资源配置职能的内容

1. 公共产品

公共产品是理论抽象的，在实践中通常把国防作为例子，但通常把法律设施、环境保护、行政管理服务、基础科学研究等也视作公共产品。

2. 准公共产品

准公共产品是指既有公共产品的特征，又有私人产品特征的产品，如教育、医疗等。对于准公共产品来说，政府需要参与资源配置，但通常产品的一部分成本需要由消费者（如受教育者）直接承担。由于准公共产品是由政府提供的，故生产准公共产品的部门是政府职能的延伸。

3. 自然垄断行业产品

自然垄断行业产品的资源配置比较复杂，有时可以是财政从事资源配置，有时可以是市场从事资源配置，但实行政府管制。究竟采取何种方式，要以效率优先的原则视具体情况而定。

（三）资源配置职能的目标

资源配置职能的目标是资源达到最有效的利用，即实现帕累托最优法则。帕累托最优法则（Pareto Optimality），也称为帕累托效率（Pareto Efficiency），是指资源分配的一种理想状态，假定固有的一群人和可分配的资源，从一种分配状态到另一种分配状态的变化中，在没有使任何人境况变坏的前提下，使至少一个人的境况变得更好。帕累托最优是公平与效率的"理想王国"。

（四）资源配置的方式

财政资源配置方式是指政府提供公共产品的决定方式和资金供应方式。公共产品的决定方式也就是公共决策（公共选择）。公共产品多种多样，每个人的需求也都不一样，而且公共产品消费得多，私人产品的消费就要减少，反之亦同，因此公共产品的选择是有限的。财政分配形成既定的格局，其决定的原则是效率，而效率在实践中是通过政治程序决定的。政治程序要有效率，关键是要体现人民群众的意愿，政治程序的民主和科学可以使政府资源配置达到效率状态。

政府资源配置的资金提供方式也是通过政治程序完成的。既然是政府资源配置，当然由政府提供资金。政府一旦决定提供公共产品，就通过公共预算和预算外资金向公共部门提供资金。但政府的资金是通过法律法规从再生产领域取得的，公共部门则从事公共产品的具体生产与管理。因此，公共部门的组织和管理对于公共产品的生产效率有重要的意义。由于公共部门是依法组织起来的，公共部门的管理也是依法进行的，因此也要遵循市场效率的原则。即用尽可能少的资源生产出尽可能多的公共产品，或者生产某种满足需求的公共产品尽可能少用资源。政府筹措资金虽然采取无偿的形式，但是从效率法则的角度看，每个人给政府提供的资金应该等于其从公共产品中获得的收益。

对于公共产品的效率来说，由资源配置效率和生产效率组成。而资源配置方式实质上是财政运行机制，是一定制度建构下的必然反映。因此，提高公共产品的供给效率，实质上涉及政治体制的民主化、科学化和法制化的问题。

（五）资源配置职能的必然性

在市场经济体制下，起主导作用的是市场配置。从总体上说，市场配置是有效率的。但是，市场并不是完美无缺的，仅仅依靠市场机制并非在任何情况下都能实现资源的合理配置，它需要与财政配置相配合，才能达到整个社会资源的最佳配置。

在市场经济条件下，之所以必须进行财政资源配置，是因为：许多社会公共需要和公共产品无法通过市场来提供和满足，这些领域需要政府进行财政资源配置。同时，市场配置有一定的盲目性，经济活动主体往往容易从自身的当前的经济利益出发，产生短期行为。而市场提供的错误信息，往往又会使经济活动主体步入歧途，这样必然会影响资源的合理配置和有效使用，故财政的资源配置便显得十分必要了。

二、收入分配职能

（一）收入分配职能的概念

财政收入分配职能是指通过财政分配活动实现收入在全社会范围内的公平

分配，将收入差距控制在社会可以接受的范围内。收入分配职能是财政的最基本和最重要的职能。在社会再生产过程中，既存在着凭借生产要素投入参与社会产品分配所形成的社会初次分配过程，也存在着凭借政治权力参与社会产品分配所形成的社会再分配过程。初次分配是市场经济领域的分配活动，财政再分配则是政府经济领域的分配活动。两个领域收入分配的原则与机制是完全不同的，在收入分配中如何处理公平与效率的关系也不相同。

（二）收入分配职能的内容

1. 调节个人之间的收入分配关系

市场机制并非万能的，它对个人收入的分配尽管能体现效率准则，但却难以兼顾社会公平。由于人们的初始禀赋不同，即人们最初所拥有的财产不同，后天形成的劳动能力不同，会导致就业机会存在差异，进而造成社会成员之间收入的悬殊。这种收入差距不利于社会经济的发展，需要政府财政加以协调，故调节个人之间的收入分配关系成为财政收入分配职能的首要内容。

2. 调节部门及产业间的收入分配关系

现实生活中，由于各部门、各产业的特点和拥有社会资源的不同，其经营成本不同，最终造成相互之间存在利润的差距。按照市场的价值规律，社会资源会逐渐流入收益率较高的行业和部门，这必将破坏部门或产业间客观存在的均衡关系。为了促进经济的健康发展，必须调节部门及产业间的利益水平，这也是政府财政收入分配职能的重要内容之一。

3. 调节地区间的收入分配关系

在市场经济条件下，经济条件不同的地区由于要素禀赋不同，一定会形成收入分配不均的情况，进而导致本地区的社会成员所享受的福利悬殊，而生产要素向收入高的地区流动，更会加剧这种地区间收入的差距。这种差距不利于社会的和谐发展。要想缩小这种收入差距，仅仅依靠市场是难以完成的，必须让政府介入，通过财政的收入分配职能加以实现。

（三）收入分配职能的目标

收入分配职能的目标是实现公平分配，而公平分配包括经济公平和社会公平两个层次。经济公平，是市场经济的内在要求，强调的是要素投入和要素收入相对称，它是在公平竞争的环境下由等价交换来实现的。例如在个人收入分配上，实行按劳分配，即个人的劳动投入与劳动报酬相对称。

社会公平，是指将收入差距控制在现阶段社会各阶层居民能接受的合理范围内。平均不等于公平，甚至是社会公平的背离。

（四）收入分配职能的手段

1. 税收

税收作为财政参与国民收入分配和再分配最常用的手段，通过降低高收入者的收入水平发挥促进收入分配公平的职能，尤其是一些具有所得税和财产税性质的税种，可以起到直接调节个人收入与财富水平的作用。此外，对主要由高收入者消费的产品或劳务课以重税，而对低收入者普遍消费的生活必需品实行低税、免税，甚至给予价格补贴也是普遍采用的办法。

2. 转移支付

转移支付是指将财政资金直接地、无偿地分配给特定的地区、单位和个人。作为一种直接的收入分配方式，转移支付通过提高低收入者的收入水平来改变收入分配不公的程度，一般有明确的受益对象和支付范围。具有转移支付性质的支出项目主要包括各种专项拨款和各类补贴支出，社会保障支出中的一些支出项目，如最低生活保障支出也具有转移支付性质。

3. 公共支出

通过提供公共物品向公众分配社会福利，也可对收入分配结果起到调节作用。例如，通过政府直接投资或给予补贴的方式，为那些能够使低收入家庭普遍获益的公共基础设施和服务提供资金，从而提高低收入者的社会福利，也是促进社会公平的有效手段。

（五）收入分配职能的必然性

一定时期内创造的国民收入，在市场经济下会形成初次分配和再分配。初次分配是主要以要素、贡献为依据进行的分配；对初次分配形成的收入格局进行的重新调整，称为再分配。再分配主要是政府凭借政治权力实现的财政再分配。

收入分配的理想目标是实现公平分配。收入分配的公平包括经济公平和社会公平两项内容。其中，经济公平是要求各经济主体获取收入的机会均等，等质等量的要素投入应获得等量的收入。由于现实生活中客观存在的人们劳动能力、财产占有量等方面的差异，加之受就业机会不均等、竞争条件不公平等因素的影响，其结果极有可能表现为收入差距的悬殊，特别是一些丧失劳动能力或失去就业机会的人甚至无法从市场分配中获取维持其基本生存需要的收入份额，从而出现收入分配不公的现象。而社会公平则要求将收入差距维持在一定阶段社会各阶层所能接受的合理范围内。这一合理范围的标准要受到人们的经济承受力、心理承受力、政治经济大环境等多种因素的影响。初次分配结果的不公平是市场本身难以消除的，它必须借助政府财政手段来协调，从而使协调收入分配成为政府财政的一项重要职能。

市场经济领域中的初次分配，贯彻的是"效率优先，兼顾公平"的原则。在一般情况下，我们对公平的理解主要是社会产品分配结果的公平。但结果的公平本身，受制于起点的公平和规则及过程的公平。没有起点的公平和规则及过程的公平，不可能真正实现结果的公平。市场经济之所以坚持效率优先，是因为：首先，市场经济中的初次分配依据的是生产要素的投入，生产要素的拥有者将自身拥有的生产要素投入生产过程，并凭借这种生产要素的投入参与生产结果的分配。而社会成员对生产要素拥有的数量与质量都不相同，这种起点的不同必将影响到结果分配，这实际上就是起点的不公平。在这种情况下，市场经济领域的初次分配不可能强调结果分配的公平，市场经济有可能做到规则和过程的公平，但无法做到结果的公平。如果市场经济刻意追求结果的公平，就不存在按生产要素投入的分配。其次，市场经济具有竞争性。在竞争性的作用下，资源利用效率比较低的企业有可能通过破产机制被淘汰，其利用的资源也会向资源利用效率较高的企业集中。这种竞争对市场主体来说是生与死的竞争。在生与死的竞争压力下，市场经济主体必须提高资源利用效率，将效率放在首位，没有一定的效率就没有生存的机会。这必然也会造成分配结果的不公平。

正因为如此，市场经济领域中的初次分配必然存在收入分配的差异，出现收入分配差距的拉大，这是市场经济本身无法避免的。从某种意义上说，这种收入分配差距的拉大具有进步意义，它可以刺激社会资源配置效率的提高，促进市场经济竞争力的增强。但是，从全社会范围看，收入分配差距如果过大，结果的不公平如果过于严重，就会直接影响到社会的稳定。社会收入分配不公是导致社会不稳定的重要因素。财政的收入分配职能就是通过财政的再分配活动，压缩市场经济领域出现的收入差距，将收入差距控制在社会可以接受的范围内。财政再分配必须坚持"公平优先，兼顾效率"的原则，将社会公平放在第一位，调整市场经济初次分配过程中出现的过大的收入分配差距，进而实现社会的稳定。这种以公平优先为原则的收入分配是市场经济本身无法实现的。这是因为：第一，财政参与社会产品分配的依据并不是生产要素的投入，而是国家的政治权力，政治权力对每一个社会成员来说都是共同的，这就使财政分配的起点比较公平。第二，国家政治权力是强制的，强制取得的收入就应当无偿用于全体社会成员。第三，财政提供的是公共产品，满足的是社会公共需要，而公共需要是全体社会成员无差别的需要，表现出明显的公共性。第四，财政分配的主体是国家，国家和政府的出发点与市场的出发点有明显区别，市场应更多地考虑竞争和生存，而国家和政府则应更多地考虑社会的稳定。从这个意义上说，财政收入分配职能是不可替代的重要职能，在维系社会稳定和保证社会成员共同富裕方面发挥着重要的作用。

三、稳定经济职能

（一）稳定经济职能的含义

在市场经济条件下，由于市场机制的自发作用，经济增长的周期性波动是客观存在的，社会总需求与总供给的失衡、通货膨胀、失业，导致经济危机经常发生，甚至还会出现通货膨胀和经济停滞并存的"滞胀"局面。由于微观主体作出决策的信息来源于竞争后反映供求变化的价格信号，而该信号往往可能是滞后的、失真的，这就需要政府对市场进行干预和调节，以维持生产、就业和物价的稳定。因此，稳定和发展经济就成为财政的基本职能之一。

具体含义是指通过税收和公共支出手段，实现充分就业、物价稳定、经济持续均衡增长、国际收支平衡等目标，以保证宏观经济的稳定增长。

1. 充分就业

充分就业是指有工作能力且愿意工作的劳动者都能够找到工作可做。西方经济学通常以失业率高低作为衡量就业是否充分的尺度，失业率是指失业人数占劳动力人数的比例。而劳动力是指一定年龄范围内有劳动能力且愿意工作的人，失业者是劳动力中那些想找工作但尚未找到工作的人。充分就业并不意味着失业率为零，大多数西方经济学家认为存在4%~6%的失业率是正常的，此时社会经济处于充分就业状态。

2. 物价稳定

物价稳定是指商品和劳务价格总水平的大体稳定，即短期内货币币值不发生过度的上升或下跌，一般用价格指数来表达物价水平的变化。一定时期内物价水平的持续上涨称为通货膨胀，经济学家一般认为，年度通货膨胀率为3%~5%可以视为物价稳定。与通货膨胀相反的现象是通货紧缩，即一定时期内一般价格水平的持续下降。通货紧缩对国民经济的危害并不亚于通货膨胀，因此防止和治理通货紧缩也是保持物价稳定的应有之意。

3. 经济持续均衡增长

经济增长是指一个国家一定时期内商品和劳务产出在数量上的增加，通常由国民生产总值或者国内生产总值及其人均水平来衡量。而经济发展不仅是产出数量的增加，还表现为随产出增长而带来的经济运行质量的提高，产出与收入结构的变化以及经济、政治和文化条件的变化，表现为第一产业比重的下降，第二产业、第三产业比重的相应上升，意味着人们基本需要的满足和综合素质的提高。经济增长是经济发展的前提，经济发展是经济增长的结果。

4. 国际收支平衡

国际收支平衡即一国在国际经济往来中维持经常项目与资本项目的收支合计大体平衡，不出现大的顺差或逆差。随着全球经济交往的密切，一国国际收支平衡状态反映着该国国内经济的稳定程度。在开放的经济条件下，一国国际收支不平衡就意味着该国国内收支不平衡，或说国内经济处于失衡状态。

（二）稳定经济职能的内容

1. 调节社会总供求

财政对总需求的影响是通过政府的收支活动实现的。政府的收支有各种不同的形式，从收入方面来看有税收、资产收益和公债，从支出方面来看有购买支出和转移支出。政府的购买支出是总需求的一个组成部分，其数量会直接影响总需求，政府的转移支出、税收、公债、定价政策也会间接地影响总需求。而财政对总供给的影响是通过政府对劳动供给和整个社会资本积累的影响而实现的。政府一方面通过税收或者支出政策（如提供福利）对劳动供给施加影响，另一方面通过财政收支活动对私人投资和整个社会投资总量施加影响。财政对于经济的稳定和协调就是要在总需求大于总供给时，抑制社会总需求，以减缓经济增长的速度，使经济不至于过热；在总需求小于总供给时，要刺激社会总需求，推动经济增长，走出市场疲软。通过调节社会总供求以达到对经济进行调节的目的，是财政稳定经济职能的首要内容。

2. 调节供求结构

供求结构的平衡是经济总量平衡的前提。要实现供求结构平衡，一方面，要解决社会需求结构中消费需求过旺，投资需求不足，进而引起社会供给结构中消费品供给不足，投资品供给过剩的问题；另一方面，要解决社会需求结构中消费需求不足，投资需求过旺，进而引起社会供给结构中消费品供给过剩，投资品供给不足的情况。故调节供求结构也是政府财政稳定经济职能的重要内容。

（三）稳定经济职能的目标

稳定经济职能的目标即是保持经济的稳定发展，实现社会总需求与社会总供给的基本平衡，具体目标包括充分就业、物价稳定、经济发展、国际收支平衡。

（四）稳定经济职能的手段

财政稳定经济职能的手段主要是财政政策的自动稳定器和相机抉择工具。

1. 自动稳定器

在财政实践中，可以通过一种制度性安排，发挥某种"自动稳定"作用。

通过财政的制度性安排自动地促进总供给和总需求的平衡,包括政府税收的自动变化(累进税率制度)和政府支出的自动变化(转移支付制度)。一般而言,当经济现象达到某一标准时,必须安排的收入和支出均具有一定的"自动稳定"作用。但是这种"自动稳定"机制的作用毕竟是有限的,必要时仍需要政府采取宏观调控的手段。

2. 相机抉择工具

经济稳定的目标集中体现为社会总供给和社会总需求的大体平衡。财政政策根据社会总需求和社会总供给的现实情况灵活改变税收和公共支出,以达到实现总供求大体平衡的目标。当总需求非常低,即出现经济衰退时,政府应通过削减税收、降低税率、增加支出以刺激总需求。反之,当总需求非常高,即出现通货膨胀时,政府应当增加税收或削减开支以抑制总需求。

第三节　公共财政的内涵和特征

"公共财政"这一说法来自西方经济学,既可以作为一个普通的概念,也可以说是一门学科及其理论。在西方,公共财政是以市场经济为基础的,公共财政理论认为,在市场经济条件下,社会资源的主要配置者是市场,而不是政府。只有在"市场失灵"的领域,政府部门的介入才是必要的,这也就是说,"市场失灵"决定着公共财政存在的必要性及职能范围。因此,所谓"公共财政",指的是国家或政府为市场提供公共服务的分配活动或经济活动,它是与市场经济相适应的一种财政类型和模式,是以市场的基础性作用为基点,以市场失灵为前提,其本身具有特定的内涵,区别于其他财政类型。具体来讲,公共财政具有以下几个方面的主要特征和内涵。

一、分配主体

公共财政的分配主体是作为政权组织和社会经济管理者的政府。公共财政分配的主体是政府,在任何社会形态下都是如此。它包含以下三层含义。

（一）政府是公共财政分配的前提

政府直接决定着公共财政的产生、发展和分配范围。如果没有政府这一分配主体，就不会有公共财政这种分配形式。或者说，非政府为主体的分配，都不属于公共财政分配范围。

（二）政府在公共财政分配中处于主动的、支配的地位

政府是公共财政分配活动的决定者、组织者和执行者。财政收入的取得、财政支出的安排、财政分配规模的大小、财政资金的来源和使用方向等，取决于国家和政府的意志。既然财政分配的主动权、支配权在政府，因而公共财政是政府直接可以用来调节经济的强有力的手段和物质基础。

（三）公共财政分配是在全社会范围内进行的集中性分配

既然财政分配的主体是政府，而政府是整个社会和全体国民的代表，是社会在一个有形的组织中的集中表现，它必然要执行某种社会职能。政府作为整个社会的代表和它执行的社会职能，决定着公共财政分配是在全社会范围内进行的，具有社会性和集中性的特点。总而言之，政府作为分配的主体，使公共财政与其他类型的财政一样都是政府的分配行为，进行的都是财政分配活动。

二、分配目的及社会公共需要的范围

公共财政的分配目的是满足公共需要，即保证各类通过市场机制的资源配置难以有效解决的社会公共需要的财力。公共财政分配所要满足的社会公共需要，是指向社会提供公共安全、秩序、公民基本权利和经济发展的社会条件等方面的需要，它区别于微观经济主体（个人、企业和单位）的个别需要。

社会公共需要包括的范围广泛，可以分为性质各异的不同层次，包括：

（1）保证执行国家职能的需要，包括国家政权的职能和执行某些社会职能的需要，如国防、外交、公安、司法、监察、行政管理以及普及教育、基础科学研究、生态环境保护、卫生防疫、保健等。这类需要是典型的社会公共需要。

（2）半社会公共需要，即社会公共需要与个人需要之间在性质上难以严格划分的一些需要，如高等教育就属于这种情况。大学教育这种需要并非全体社

会成员都可享用，由于招生数量有限制，上大学具有竞争性和排他性，对享受上大学的人也可以收费，从这个角度看，大学教育具有个人需要的特征；但它也具有社会公共需要的属性。因为大学教育可为国家培养专门人才，是社会发展所必需的。所以，在资本主义国家有国立大学与私立大学之分。在社会主义国家，高等教育主要由政府出资兴办，学生也应支付一定的学费。

（3）大型公共设施，如邮政、电信、民航、铁路、公路、煤气、电力以及城市公共设施等。这些基本上属于社会再生产的共同的外部条件。大型公共设施具有广泛的外部经济效益，因而它具有"公共产品"的性质。在社会主义国家，这部分设施主要是由政府出资兴办的。在资本主义国家，由于这种设施耗资巨大，私人无力承担，但是在国民经济中具有重要地位和调节作用，因而许多国家也是通过公共财政分配来满足。

三、主要分配对象

公共财政的主要分配对象是剩余价值（M）和可变资本（V），公共财政基本上是只能依靠税收来取得其收入的，公债和规费尽管也可以作为收入手段来使用，但都只能是临时性的和补充性的。税收具有法律规定的权威性，只有它才能解决企业和个人不愿承担公共产品费用而坐享其成的问题。同时，税收以统一的法律条款一视同仁地对由全社会所有的企业和个人进行征收，这也符合公共财政向全社会提供公共服务的性质，符合市场经济所要求的成本利益对称原则。公债则不同，在正常的市场经济条件下，公债只能依靠自愿的手段通过市场来发行，它的有偿形式表明它不是一种为公共服务而付费的形式，从而难以成为基本的财政收入形式。规费只能在政府向企业和个人提供直接服务时收取，具有个人服务或特别服务收费而非公共服务收费的性质。它无法为财政提供大量的稳定的收入来源，从而也有很大的局限性。此外，从利润上交来看，它本身是资本的产物，作为资产收益，它只能是属于国有资产性质的国有资本财政，而不能作为公共财政的基本的和主要的收入。

以税收为基本的收入手段，决定了公共财政的分配对象主要是 M 和 V。从传统经济理论来看，税收属于 M，是理论意义上的利润的一个组成部分。社会保障制度的建立和发展起来后，与之相匹配的社会保险税或工薪税，直接为劳动者的劳动力再生产提供费用和服务，也直接取走劳动者的部分工薪收入，这就使得公共财政直接介入了劳动者个人的劳动力再生产活动中，公共财政为此而进行的分配对象是 V。

四、分配依据

公共财政的分配依据是凭借政治权力对部分社会产品的分配与再分配，既具有强制性，又具有补偿性。

所有类型的财政都是凭借政治权力进行分配的，不同的是，公共财政只能凭借政治权力进行分配，而其他类型的财政则除了政治权力外，还凭借着生产资料所有权进行分配，这是由于其他类型的财政主体所具有的生产资料所有者身份决定的。从这一点来看，市场经济下的公共财政具有强制性和补偿性。作为公共财政分配主体的政府，只处于政权组织身份上，它本身不具备创造物质财富的能力。这样，政府为了向市场提供公共服务，需要耗费一定的资源和要素，表现为一定费用的支付。政府为市场提供公共服务所需费用，是通过税收手段获得的，而企业和个人作为公共服务的享受者必须向提供者，即政府缴纳税款，这似乎应是自觉自愿的主动行为。但是，由于公共服务这一"公共产品"所具有的消费时的非对等性和非排他性，一旦政府提供了公共服务，企业和个人不管纳税与否，无例外地都能享受到该公共产品的利益。因此，在市场经济体制下，如果不考虑人们遵纪守法等因素的话，仅靠社会公德约束不了人们偷税漏税以增大自身利益的欲望，需要由政府凭借法制力来强制。不过，公共财政的这种强制性是与利益补偿性相联系的，也就是说，尽管税收是强制征收的，但却是与企业和个人的根本利益相一致的，是为了提供必不可少的公共产品而征收的。企业和个人通过纳税减少了自身可支配的财力和利益，但却从公共服务中获得了新的利益，这就在纳税与公共服务之间形成了一种利益补偿关系，因而公共财政又具有补偿性。

五、分配的经济性质

公共财政分配的经济性质是作为政府的计划资源配置行为，具有公共性和非营利性两大最基本的特征。

分配由其提供公共服务的性质所决定,公共财政安排的只应是公共性的支出,它大体上可以区分为经费性、公共投资性和社会保险性三种类型的支出。这几种支出以及它们各自相对应的收入,就构成了现代公共财政的复式预算的分配关系基础,在它们之上分别形成了经常预算、公共投资预算和社会保障预算。不过,尽管这些预算所代表的财政分配关系相互之间有差别,但它们都是公共财政的组成部分,都是在讲求效率与公平基础上的供给型财政。这种供给必须具有保证性和无可替代性。公共财政的活动应局限在市场失效的范围内,是非营利性的活动,其活动总规模应限制在企业和个人财力所能承受的水平内。公共财政的宏观经济政策,主要是对宏观经济总量的调控。在通常的情况下,经常预算和社会保障预算应遵循年度收支平衡原则。相反,对于公共投资预算来说,则其收入可有相当份额依靠债务收入来解决,这是有其微观和宏观方面的原因的。从这个意义上说,公共投资预算又是可以打赤字的,即可以安排以债务来弥补赤字。这实际上也是由市场经济的运行特点和性质所决定的。

六、收入与支出具有对称性和平衡性

公共财政的运行过程是有收有支,即通过"收入—支出、支出—收入"过程运行的,因而收入与支出的对称性构成公共财政运行的一个重要特征。关于公共财政收入与支出的关系,我国历来就有"以收定支""以支定收"的争论,不管是收入决定支出,或是支出决定收入,这种争论说明收入与支出是公共财政运行过程中相互制约的两方,收支是否对称或平衡构成公共财政运行的主要矛盾。收支是否平衡,表面上是一种收支关系,而背后是反映政府和企业、居民之间的关系,反映各阶层之间的利益关系,反映中央与地方、各地区以及政府各部门之间的利益关系,因而收支平衡也成为制定财政政策的轴心。纵观古今中外,收支的绝对平衡几乎是不存在的,有时收大于支,有时支大于收。收大于支意味着有结余,公共财政运行似乎稳妥,但常年形成大量结余则说明政府集中的资源没有充分运用,会抑制社会经济的发展。支大于收意味着出现赤字,如果出于政策需要,运用得当,会有利于社会经济的发展,但连年不断形成大量赤字,则说明公共财政运行失控,影响市场经济效率,甚至最终导致通货膨胀。为此,有的国家规定赤字和公债发行的上限,或通过立法来制约国债的发行。因此,围绕收支平衡这个轴心合理安排支出规模和结构并提高使用效益,制定合理的税收和收费制度并保证收入的及时、足额入库,发挥国债的积极作用并防止赤字和国债发行的失控,制定财政管理体制,合理调节中央与地方关系,依据政治经济形势的发展及时调整财政政策等,就构成了一条公共财政学的主线。

第四节 政府预算与财政政策

政府预算,作为一种管理工具,是任何国家政府进行财政管理所必需的。就公共财政而言,政府预算就是经法定程序审核批准的具有法律效力的政府年度财政收支计划,是政府筹集、分配和管理财政资金及进行宏观调控的重要工具。

在市场经济条件下,当市场难以保持自身均衡发展时,政府可以根据市场经济运行状况,选择适当的预算总量政策,用预算差额去弥补社会总供求缺口,以保持经济的稳定增长。

一、政府预算

(一)政府预算概念

政府预算,有时又称国家预算,但严格地说,政府预算与国家预算所指不完全相同,国家预算是指一国以中央政府为主体的预算,或者是一国各级政府预算汇总后所形成的总预算,而政府预算则指各级政府编制的预算,因此,每一级地方政府的预算都可以称为政府预算,但是不可称为国家预算,而国家预算通常涵盖所有的政府预算,或特指中央政府预算,这样看来,只有中央一级政府的预算,在特定语境中才可以称为国家预算。本书仅在一般意义上使用政府预算这一概念,它泛指中央政府和各级地方政府的预算。

政府预算是政府狭义财政收支的基本计划,通常以财政年度的收支计划的形式存在,即对财政年度内政府财政收支的规模和结构所进行的预计和测算,在具体形式上按一定的标准将政府预算年度的财政收支分门别类地列入各种计划表格，以反映计划期内政府财政收入的具体来源和支出的具体方向。

不同于企业预算，政府预算是具有法律效力的文件，政府的预算编制和执行的全过程必须在法制范围内进行。政府预算的法制化表现为政府预算的级次划分、收支内容、管理职权划分等均以立法的形式加以规定，预算的编制、执行和决算的过程必须在法律规范下进行，政府预算编制形成后必须经过国家最高立法机关或各级机构审查批准后才能公布并组织实施。如西方国家必须通过议会的审查批准，在我国必须经过全国人民代表大会或各级人民代表大会的审议批准；预算的执行过程必须受法律的严格制约，不经法定程序，任何机构和领导人都无权改变预算规定的各项收支指标，从而使政府的财政行为法制化，财政的管理过程被置于社会公众的监督之下。

政府预算的主体是各级政府，各级政府作为全体委托人——纳税人的代理人，以提供公共产品为依据，依托公共权力组织提供公共产品和公共服务，为此，必须就政府活动所需的收支作出安排，即以部门预算的方式承担预算的编制任务，然后按批准后的预算履行其职能，所以，预算的编制和预算的实施必须以委托人政府为主体。

政府预算的基本属性可概括为：①在形式上，政府预算是财政年度预算收入和支出的一览表，反映政府在财政年度内预计财政收支总额及其结构间的平衡关系，是一个技术性和法律性的文件；②在内容上，政府预算是政府对财政收支的计划安排，直接反映可供政府集中支配的公共资金的数量和分配结构，间接反映政府职能；③在本质上，政府预算须经国家权力机关审查和批准才能生效，因而是公民和国家意志的体现。

综合地看，政府预算的概念可以表述为：政府预算是以一国各级政府为预算主体，按照一定的法律程序编制、审议、批准和执行的政府年度财政收支计划，是政府组织和规范财政分配活动的根本依据和全部财政体系的核心。简言之，政府预算是具有法律规定和制度保证的、经法定程序审核批准的、具有法律效力的政府年度财政收支计划。

（二）政府预算的特征

政府预算从产生到发展至今，经过了一个不断完善充实的过程。与其他财政范畴相比，各国的政府预算一般都具有如下基本特征。

1. 预测性

所谓预测性是指政府通过编制政府预算可以对预算收支规模、收入来源和支出用途作出主观的预计和设想。无论是发达国家还是发展中国家，无论是市场经济国家还是计划经济国家，都需要对未来年度的预算收支作出预测，编制出预算收入计划和预算支出计划，并进行收支对比，以便从宏观上掌握计划年度预算是收入大于支出，或者是支出大于收入，进而进行对策研究。至于这种预测是否符合实际，最终是否能够实现，一方面取决于预测的准确性、科学性，另一方面则取决于预算执行中客观条件变化后应变措施及预算管理水平。当然随着预算管理手段的现代化，对信息收集、传递、分析利用的速度加快，都有利于这种预测准确性的提高。

2. 法律性

政府预算从其产生开始，就是以法律形式存在的，直至目前为止，任何国家的政府预算都必须由立法机关审核批准，并接受立法机关的监督，这突出表明了政府预算的法律性。在西方国家由总统提出预算草案，经国会（议会）审议通过即具有法律效力。在我国由财政部门代表国务院（本级政府）向全国人民代表大会（本级人民代表大会）提出预算草案，由人民代表大会审查批准，即具有法律效力。政府预算的法律性，是其能够顺利实现的前提和保证。没有法律约束的政府预算是不能算作真正意义上的现代的政府预算的。

3. 综合性

从收支范围来看，政府预算综合反映了政府财政收支活动的全貌。一国的国民经济和社会发展各个方面的活动都要通过政府预算汇集上来，财政收支也都要通过政府预算汇集上来，比其他财政范畴涉及的范围要广，具有明显的综合性特征。

4. 公开性

政府预算收支计划的制定、执行以及决算的全过程必须向公众全面公开。这一般是通过政府向权力机构提交预算报告的形式阐述预算编制的依据、执行过程中采取的措施以及如何保证政府预算的实现等，同时报告上一年度政府预算的执行情况（即决算报告），审议通过后再通过新闻媒介向全体公众公布，接受公众监督。

（三）政府预算的原则及意义

原则是一种行为准则。就政府预算的行为准则而言，政府预算原则是指政府规定或选择预算形式和确定或调整预算体系应遵循的指导思想，以及制定财政收支计划的方针。一定的政府预算制度，总要依据一定的原则来建立和调整。因此，政府预算原则总是伴随着政府预算制度的产生而产生，并随着社会经济进步和预算制度的演变而发展变化。在不同的历史时期，由于时代背景和主客观需要的不同，历来学者的主张不一。纵观政府预算的发展历史，一是对政府预算原则一直有着不同的表述，二是政府预算原则随着时代的进步不断变化。

之所以会出现这种现象，其主要原因有二：一是人们在研究分析政府预算原则时，所选择的方法或研究角度不同；二是由于历史条件环境的变化对政府预算提出了新的要求。

从历史条件或环境变化对政府预算的要求角度来看，由于政府财政管理目标、人们对政府预算功能的认识水平和建立在这一基础之上的政府预算组织形式，在社会发展的各个阶段存在着差异，从而产生了对政府预算原则的不同理解。

在政府预算产生的初期，一方面，由于政府预算作为一种财政管理手段，是在资产阶级革命过程中资产阶级为争夺政府财政控制权及约束封建君主的财政权力而建立起来的，因而，在这一时期，对政府财政进行有效的管理、控制和监督是政府预算管理的主要目标。与这一目标相适应，政府预算原则强调的是对政府财政收支的全面反映和如何确保预算的控制和监督。另一方面在古典主义经济理论的指导下，为了确保自由竞争秩序和资本原始积累的需要，政府财政对经济过程的干预应当尽可能减少，因而，控制政府财政规模和消除财政赤字，就成为了政府预算管理的基本目标和指导政府预算工作的一项基本原则。

第二次世界大战以后，为了满足经济发展或经济稳定的需要，政府对经济过程的干预不断加强,从而导致政府财政的活动范围不断扩大,形成政府财政收支结构日益复杂和政府财政管理目标的多元化。为了适应这一变化,政府预算管理的指导思想发生了一系列的变化,主要表现为,一方面,政府预算权力逐步向政府行政部门转移,以利于政府行政机关根据经济运行需要对经济过程进行灵活的干预;另一方面,放弃了年度预算平衡原则。

上述变化说明,第一,政府预算原则随着政府财政管理目标的变更而不断变化。由于财政管理的目标是随着社会发展而不断变化的,在社会经济发展的不同阶段,财政管理的目标不同,因而政府预算原则也会随之发生变化。第二,政府预算原则决定于对预算功能的了解和认识。由于人们对经济规律的认识受时代和人类认识事物水平的双重制约,因而,在对政府预算功能作用的认识上,不同的社会经济发展时期是不同的。这种对预算功能作用认识上的差异必然对预算工作的规范提出不同的要求。

二、财政政策

(一)财政政策的产生

财政政策与财政一样,是随着国家的产生而产生的。财政政策作为国家或政府治理社会的基础、手段,服从于国家的需要、国家的意志,即随着社会经济发展状况的不同,随着社会、国家需要的不同,产生了相应的财政政策,财政政策的类型、理论也在不断变化、不断发展。

现代经济学诞生的近三百年以来,与之相随的财政学不断发展,财政政策也随之发展。具体来讲,现代财政政策产生于亚当·斯密,大体经历了自由放任的古典时期、强化政府职能的新古典经济时期以及现代的新自由主义时期。

(二)财政政策的内涵

1. 财政政策的定义

结合其他学者的观点及本书的写作目的,可总结为财政政策是由支出政策、税收政策、国债政策和赤字政策等构成一个完整的政策体系,通过收支平衡和财政收支规模的调整以及其他措施来促进经济增长、实现充分就业和维持价格稳定等宏观经济目标。

从财政政策的定义来看，这一定义包含以下三个方面的内容：首先，财政政策已被广泛接受为一种政府宏观调控的工具。从广义上讲，它是以追求资源在经济增长、充分就业、价格稳定基础上的最充分的可能利用。财政政策就是为经济运行最大限度地接近这些发展目标提供方式、方法。其次，财政政策是政府干预经济的一种主要的控制手段。财政政策具有某些控制因素，主要表现在它总是通过财政支出、国债、税收等手段，以利益机制影响人们做或不做某些事。最后，财政政策是政府干预经济的间接工具。

2. 财政政策的主体

财政政策的主体就是财政政策的制定者与执行者。能制定财政政策的一般是中央政府和各级地方政府。在制定一项政策时，更多的人想到的是如何树立正确的政策目标和使用合适的政策工具，但是在政策的制定与执行过程中，政策主体是一个非常重要的内生变量，但往往又容易被忽略。政策主体行为的规范性，对政策的执行和政策的效果有很大的影响。

（三）财政政策的基本内容

财政政策涉及的内容非常多。要全面理解财政政策，必须弄清楚财政政策的基本构成要素和类型，主要包括以下几个方面。

1. 财政政策的目标

财政政策目标就是政府运用财政政策工具期望达到的调控和管理目的。财政政策的目标是一个多元化的体系，既包括经济社会整体层面的经济稳定目标、经济发展目标、收入公平分配目标，也包括财政本身层面的预算平衡目标。具体来说，经济稳定目标包括物价稳定、充分就业、国际收支平衡等；经济发展目标主要是促进经济稳定增长和资源有效配置，有效应对周期波动；收入公平分配目标主要包括财产和收入方面的分配问题；平衡预算目标可以分为年度平衡预算目标和周期平衡预算目标。

财政政策的众多目标之间是相互影响的，这种影响有时是相互抵触的，有时是相互促进的。但总体来说，相互抵触的情形居多。比如说，促进经济发展和保持物价稳定目标之间就存在一定的矛盾。只要增长速度、不顾物价稳定，或只要物价稳定、不顾增长速度都相对容易，难的是二者兼顾。由于我国仍然是一个发展中国家,发展仍然是当前的第一任务,因此,经济增长目标在我国财政政策目标当中居于相当重要的位置。

2. 财政政策工具

财政政策工具是政府实施财政政策时所选择的用来达到政策目标的财政手段,主要包括税收政策、支出政策、公债政策和财政预算等。

税收是政府组织财政收入的基本手段,具有强制性和无偿性等特征,可以起到优化资源配置、调节供求关系、实现公平分配等作用。财政支出是政府安排使用财政资源的过程。以是否与商品和服务相交换为标准,可以将财政支出划分为购买性支出和转移性支出,后者是调节收入分配的重要工具,同时在调节经济周期方面也发挥着重要作用。公债是国家举借的内债和外债,是利用信用方式筹集财政收入的一种方式。在现代信用经济条件下,公债成为财政政策与货币政策联动的重要载体。财政预算是国家财政收入与支出的年度计划,财政收支规模和差额的调整,对稳定价格、促进经济增长等政策目标均有着重要作用。

3. 财政政策的功能

综合各国经济实践,财政政策的基本功能主要包括四个方面。一是导向功能,主要是通过调节物质利益,对个人和企业的经济行为以及国民经济发展方向发挥导向作用。二是协调功能,主要表现为对经济社会发展过程中某些利益失衡的制约与调节,可以协调地区之间、行业之间、部门之间、阶层之间的利益关系。三是控制功能,指财政政策通过对经济主体行为和整体经济运行的调节,实现对整个国民经济发展的控制。四是稳定功能,指财政政策通过调节总支出水平,使货币支出水平大体等于产出水平,从而实现国民经济的稳定发展。

4. 财政政策的类型

根据时间长度划分,财政政策可分为长期财政政策和中短期财政政策;按作用特点划分,有总量调节财政政策和结构调节财政政策;根据财政政策在调节经济周期方面的作用划分,有自动稳定的财政政策和相机抉择的财政政策;根据对国民经济总量的影响来划分,包括扩张性财政政策、紧缩性财政政策和中性财政政策；根据经济效应划分，可以分为分配性财政政策、调节性财政政策、再分配性财政政策，其中分配性财政政策常常指向特定主体，政策意图明显，影响力度较大，调节性财政政策通过利益机制影响市场主体的经济行为，起到明确的鼓励或者限制作用，再分配性财政政策对各经济主体的财产和收入产生巨大的再调整效应。

除上述几个主要方面外，财政政策涉及的因素还包括作用对象、作用过程等。例如，任何财政政策工具，都有明确的影响对象，同时也有一定的影响过程。只有借助于这一过程，财政政策的各种目标和功能才能逐步实现。

第三章　财政收入与财政支出

财政是同国家的产生和存在相联系。国家为了维持自身的存在和发挥职能，必须消耗一定的社会产品。但是，国家本身通常不直接从事生产活动，因而必须凭借自身拥有的政治权力，强制性地回收一部分社会产品，以满足各方面支出的需要。这种国家的收入和支出就是财政，它是国家凭借政治权力而进行的社会产品的分配。从这一概念的内容可以看出，财政是一种分配关系，是一种以国家为主体、在社会范围内集中性的分配关系。这就是财政的本质。

第一节　财政收入与财政支出概述

一、财政收入概述

（一）财政收入的含义

财政是以国家为主体的分配活动，财政分配包括两个阶段，即收入和支出。财政收入首先应理解为一个过程，它是财政分配活动的一个阶段或一个环节。财政收入是财政分配的第一个阶段，即组织收入，筹集资金阶段。在商品货币经济条件下，财政收入是以货币来量度的，从这个意义上来理解，财政收入又是一定量的货币收入，即国家占有的以货币表现的一定量的社会产品的价值，主要是剩余产品价值。

（二）财政收入的原则

财政收入的原则是指组织财政收入时所应遵循的规则，它既是客观经济规律的要求，也是组织财政收入工作的经验总结。根据我国的情况，组织财政收入的原则应是发展经济、广开财源，公平负担，兼顾需要与可能的三原则。

1. 发展经济、广开财源

这是财政收入的根本原则，是由财政与经济的辩证关系所决定的。财政活动过程是整个经济活动过程的一个分配环节，生产决定分配，分配影响生产，经济决定财政。要增加财政收入，只有发展生产和经济。

经济是财政的"源"，源远才能流长；经济是财政的"根"，根深才能叶茂。离开了经济发展，财政就成了无源之水，无本之木。

要发展经济，必须从国家经济全局出发，合理配置生产力，协调发展各产业。在国民经济各部门中，工业和农业是国民经济中两个最基本的物质生产部门，就其在国民经济中的地位与作用以及对财政收入的影响来看，农业是国民经济的基础，也是财政收入的重要来源。我国的经验表明，什么时候农业丰收，人民生活稳定，国民经济就能顺利发展，财政的日子就好过；反之，则相反。所以我们要充分重视农业，始终如一地把农业放在突出的战略地位。

工业是国民经济的主导，也是财政收入的重要来源。所以我们要千方百计促进工业企业增加产量、提高质量、降低消耗、节约成本、堵塞漏洞。除了发展农业和工业外，还要发展建筑业、交通运输业、商业和现代服务业等部门，只有这样，才能增加财政收入。

2. 公平负担

公平负担包括三方面含义：普遍征收、合理负担、区别对待。普遍征收，即人人负担，或者说财要从一切经济单位和个人取得收入。合理负担，包括两层含义，即从宏观上讲，是指财政收入占国内生产总值的比例要适当；从微观上讲，是指各行业、各企业，各种产品、每个人之间实行合理负担。区别对待，是指对不同的收入给予不同的待遇。由于自然资源条件、技术条件、外部环境条件不同，形成了级差收入，这些级差收入应当区别情况纳入国库，由国家统一支配。同时，区别对待是指在不同历史时期，根据国家经济政策的需要，对不同经济成分、不同行业、不同产品、不同环节进行不同程度的调节，以正确处理各方面的分配关系。例如，中华人民共和国成立后，在生产资料所有制的社会主义改造基本完成以前，在农村为了限制富农经济的发展，实行高额累进的农业税，限制了富农，照顾了贫农，促进了农业合作社的发展。在城市，对社会主义经济和资本主义经济采取繁简不同、区别对待的政策，促进了对私人资本主义工商业的社会主义改造。今后，为了促进国民经济协调发展，对不同行业、不同产品实行区别对待的原则将是普遍运用的原则。

3. 兼顾需要与可能

在组织财政收入的过程中，必然遇到需要与可能的矛盾。需要，是指一定时期国家所需集中的资金；可能，是指经济社会所能提供的积累。一般来说，需要是无限的，而可能则是有限的，需要与可能的矛盾实际上是有限和无限的矛盾。处理这一矛盾的办法只能是兼顾需要与可能，而不能重视一方面却忽视另一方面。例如，仅重视需要，而忽视可能，财政所筹集的资金超过了经济社会所能提供的积累，必然造成人民生活水平的下降，影响人民群众的生产积极性，最终影响经济的发展。如果仅顾可能而忽视需要，财政所筹集的资金不但不能满足国家实现其职能的需要，还会影响经济的发展。要做到兼顾需要与可能，必须做到以下两点：

（1）在一定时期内，财政收入的增长速度与国民经济的增长速度应协调一致，要考虑一定时期的社会经济承受能力，不能忽视企业、职工的物质利益。

（2）要做到正常情况下使国家财政收入能够保证国家行使职能的正常经费和重点建设的资金需要，不能使财政陷入赤字的泥潭而不能自拔，即不能使财政陷入危机。

（三）财政收入的分类和形式

对财政收入进行分类是财政理论的重要组成部分，分类的目的是从不同的角度观察分析财政收入中反映出的情况和问题，作为改进和调整财政收入形式和政策的依据。财政收入可以从不同角度分类。

（1）按财政收入的形式分类。按财政收入的形式划分，通常把财政收入分为税收收入和非税收收入。

①税收收入。税收是国家为了实现其职能,凭借政治权力,依照法律规定的标准取得财政收入的一种形式。它具有强制性、无偿性、固定性的特征,因此是国家取得财政收入的一种最可靠、最主要,也是最古老的形式。同时税收在取得财政收入的过程中,还能起到调节经济运行、资源配置和收入分配的作用。

在纯粹的市场经济中,政府不拥有任何生产要素,必须向个人和私人企业索取它所需要的资源。在当代混合经济中,政府通过税收立法获取所需要的资源。正是由于以法律的形式规范政府的征税行为和公民的纳税行为,所以税收这种收入形式具有鲜明的特性和规范的制度。从各国情况看,税收是征收面最广、最稳定可靠的财政收入形式,也是财政收入最主要的形式。我国目前分设18个税种:增值税、消费税、企业所得税、环境保护税、个人所得税、资源税、城市维护建设税、房产税、印花税、城镇土地使用税、土地增值税、车船税、船舶吨税、车辆购置税、关税、耕地占用税、契税、烟叶税。

税收收入是指依据国家税法规定取得的各种税收,是征收面最广、最稳定可靠的财政收入形式,也是我国最主要的财政收入形式。原因如下。一是由财政支出受益的模糊性所决定的。为了使问题简化,我们假定全部支出都以税收这一形式来解决。财政支出所形成的公共消费品是供全体社会成员使用的,但要搞清楚每个成员究竟受益多少,目前还没有办法划分。既然如此,每个成员究竟应该承担公共产品中的多大份额也没有办法解决。故财政收入只能采用无偿的税收手段来筹集,其他手段都不符合财政支出受益的模糊性这一特点。二是税收是国家财政收入的可靠保证。税收是凭借政治权力征收的,具有强制性、无偿性和固定性的特征。税收的这些特点使得税收可以有效地保证财政收入。三是税收能够反映经济变化的动向,并成为政府调节经济的重要手段。税收采取依率计征的办法,凡达到起征点的一律征税,生产上升,税收就增加;反之,税收就下降。税收的增减变化和经济的发展变化是同方向的,这就使税收成为重要的经济"指示器"。税收不仅具有反映经济变化的作用,而且可以通过调整分配关系来改变纳税人的负担,以达到一定的目的,这就是税收的经济杠杆作用。在市场经济条件下,利用税收调节经济是实行市场经济国家的普遍做法。

②非税收入。包括以下内容:非税收入是指各级国家机关、事业单位、代

行政府职能下的社会团体以及其他组织，依据有关法律、行政法规和相关规定，履行管理职能、行使国有资产或者国有资源所有权、提供特定服务或者以政府名义征收或者收取的税收以外的财政性资金。非税收入项目包括：行政事业性收费收入、罚没收入、国有资本收益、国有资源（资产）有偿使用收入、彩票公益金收入、特许经营收入、中央银行收入、主管部门集中收入、以政府名义接受的捐赠收入、政府收入的利息收入、其他非税收入。

第一，国有企业收入。这是指国家对国有企业凭借生产资料所有权取得的收入，即国有企业上缴国家的利润。这部分收入曾经是我国财政收入的主要来源，1983年、1984年实行两步利改税改革后，其所占财政收入的比重大幅度下降。

第二，事业收入。指有经常性收入的中央和地方各部门所属事业单位向财政部门上缴的收入。具体单位是指科学研究、水利、气象、文教、卫生等国有事业单位。国家对事业单位实行两种管理方式：一种是全额预算管理，实行全额预算管理的事业单位，其收入全部上缴国家财政，其支出全部由国家财政拨款解决；另一种是差额预算管理，实行差额预算管理的事业单位，首先是以收抵支，收大于支的部分上缴国家财政，收不抵支的部分由国家财政拨款解决。

第三，债务收入。债务收入是指国家以债务人的身份，按照信用的原则从国内外取得的各种借款收入。具体包括国债、国库券以及向外国政府或国际金融机构的借款等。国债因具有有偿性、自愿性、灵活性和广泛性的特征，并具有弥补财政赤字、调剂国库余缺、筹集财政资金和调控经济运行等多项功能，已经成为一种非常重要的财政收入形式。

第四，其他收入。其他收入指的是上述收入之外的一些杂项零星收入，它占财政收入的比重不大，但涉及面广，政策性强。主要包括规费收入、国家资源管理收入、公产收入、罚没收入和专项基金。规费收入是指国家行政机构为居民或单位发放证照或提供某项特殊服务时所收取的手续费和工本费。国家收取规费，除了可以取得一些财政收入外，主要还是为了对某些行为进行管理和统计。国家资源管理收入是指国家向经过批准开采国家矿藏等资源的单位收取的管理费。如矿山管理费、沙石管理费等。公产收入是指国有山林、芦苇等公产的产品收入、政府部门主管的公房和其他公产的租赁收入以及公产变价收入等。罚没收入是指工商、税务、海关、公安等国家机构根据国家规定依法处理的罚款和罚没物品的变价收入以及追回的赃款赃物收入。专项基金是指为特定用途而征收的收入，如社会保障基金（养老、医疗、失业保险基金等），其特点是专款专用。此外，还有国家组织援助捐赠收入、对外贷款归还收入、收回国外资产收入等。

这种分类与国际惯例较为一致。

（2）按财政收入的来源分类。按财政收入来源的分类有三种亚类：

一是以财政收入来源中所有制结构为标准，分为国有经济收入、个体经济收入、外资经济收入、私营经济收入。

二是以财政收入来源中部门结构为标准，将财政收入分为工业部门和农业部门收入、轻工业部门和重工业部门收入，生产部门和流通部门收入，第一产业部门、第二产业部门、第三产业部门收入等。

三是以社会产品价值构成分类，财政收入可以分为来自生产资料的转移价值（C）的收入，来自物质生产部门劳动者为自己所创造的产品的价值（V）的收入和来自劳动者为社会创造的价值（M）的收入。进行这种分类的目的主要是体现财政收入从何取得，反映各种收入来源的经济性质。

（3）按财政收入的层次分类。按财政收入的层次不同可以将财政收入分为中央财政收入和地方财政收入。

中央财政收入是指按照财政预算法律和财政管理体制规定的由中央政府筹集、使用的财政资金。中央财政收入主要来源是国家税收中属于中央的税收、中央政府所属企业的国有资产收益、中央和地方共享收入中的分成收入，地方政府向中央政府上缴收入以及国债收入等。

地方财政收入是指按照财政预算法规定划归地方政府集中筹集和支配使用的财政资金。其主要来源是地方税、地方政府所属企业的国有资产收益、共享收入中的地方分成收入以及上级政府的返回和补助收入。

（4）按财政收入的管理方式分类。按财政收入的管理方式不同可以将财政收入分为预算内财政收入和预算外财政收入。

预算内财政收入是指根据国家财政制度规定纳入国家预算管理范围内的财政收入。国家预算也就是政府的收支预算，每个国家都会根据自己的实际情况，编制出科学合理的年度预算计划，而预算收入的征收部门，必须依法及时、足额征收预算收入。

根据我国财政部2006年预算报告专题资料介绍，预算外财政收入是指行政事业单位为履行政府职能、弥补事业发展经费不足，依据国家法律、法规或具有法律效力的规章收取或提取，纳入财政预算专户管理的财政性收入。预算外财政收入尽管归国家所有，但是不纳入国家预算，允许地方财政部门和由预算拨款的行政事业单位自收自支。预算外财政收入包括法律法规规定的各种行政事业性收费、主管部门集中收入、其他预算外收入三种类型。

二、财政支出概述

（一）财政支出的概念

财政支出是政府为提供公共产品和服务，满足社会共同需要而进行的财政资金的支付。财政支出是财政分配活动的重要环节，财政支出的规模和结构可以反映政府职能的范围大小。财政支出作为一种满足社会共同需要的资源配置活动，是针对社会单位或私人部门资源配置不足而实施的，具有公共性的特征。政府作为社会的组织者和管理者，在为市场提供公共服务的过程中，必然直接或间接地发生各种费用，这些费用就表现为财政支出。它反映了国家的政策，规定了政府活动的范围和方向，是政府履行其职能必不可少的财力保证；它能够调节和引导市场对资源的合理配置和有效利用，调控经济运行的规模和结构，促进国民经济持续、协调，稳定增长。

财政支出与财政收入一起构成财政分配的完整体系，财政支出是财政收入的归宿，它反映了政府政策的选择，体现了政府活动的方向和范围。所以，它是财政分配活动的重要环节。

（二）财政支出分类

1. 按是否与商品和服务相交换为标准分类

按财政支出项目是否与商品和服务相交换为标准，可以将财政支出分为政府购买性支出和政府转移性支出。

所谓政府购买性支出，就是这一类财政支出直接表现为政府购买商品和服务的活动，包括购买进行日常政务活动所需的或用于国家投资所需要的商品和服务支出，这些支出的目的和用途虽不尽相同，但都是财政一手付钱，另一手获得了相应的商品和服务，并运用这些商品和服务实现国家的职能。购买性支出对于社会生产、就业和社会总需求有着直接的影响，它也会间接地影响国民收入的分配。

所谓政府转移性支出，则是财政资金单方面由政府向一部分社会成员无偿地转移所形成的支出，主要包括社会救济、社会保险、财政补贴、捐赠支出和债务利息支出等。这类财政支出的目的和用途也不尽相同，但都是发生了财政支出以后并不能得到直接的经济补偿物。转移性支出是资金使用权的转移，对于社会生产、就业及社会总需求的影响是间接的，但它对于国民收入的分配有着直接的影响。

这种分类具有较强的经济分析意义。在财政支出规模一定的前提下，政府购买性支出所占比重大一些，就说明政府的财政活动对社会生产和就业有着重大的直接影响，政府财政配置的资源份额就大一些；反之，如果政府转移性支出所占的比重大一些，就说明政府的财政活动对收入分配有着更大的直接影响，通过财政支出所实现的收入分配份额就大一些。假如我们把它们与财政的基本职能联系起来，就可以看出：在财政支出结构中，政府购买性支出所占的比重大一些，其执行的资源配置职能就强一些；反之，政府转移性支出所占的比重大一些，政府执行的收入分配职能就强一些。

2. 按政府职权分类

根据政府在经济和社会活动中的不同职责，划分中央和地方政府的事权，按照政府的事权划分可将财政支出划分为中央财政支出和地方财政支出。这种分类方法反映了中央与地方在财政分配中的地位和相互关系。

现代世界各国大多依照一级政权，一级预算主体的原则设置相应级次的财政。基本上每个级次的财政都有本级次的公共预算支出范围并从事本级次的相对独立的财政活动，从而形成中央财政支出和地方财政支出。中央财政支出是指中央财政年度支出，包括一般公共服务支出、外交支出、国防支出、公共安全支出，以及中央政府调整国民经济结构、协调地区发展、实施宏观调控的支出等。我国中央财政支出包括中央本级支出、对地方税收返还和转移支付。地方财政支出是指按照现行中央政府与地方政府事权的划分，用于保障地方经济社会发展的各项财政支出。我国地方财政支出包括一般公共服务、公共安全支出、地方统筹的各项社会事业支出等，分为省、市、县、乡四级政府支出。

3. 按财政支出产生收益的时间分类

根据财政支出所产生收益的时间可将财政支出分为经常性支出、资本性支出和净贷款三大类，划分的主要原则是使公共物品的受益与公共物品的付费在时间上保持一致。这是国际货币基金组织对财政支出常用的经济分类方法，也是现代公共经济学研究财政支出的一种重要分类方法。

经常性支出是指维持公共部门正常运转或者保障人们基本生活所必需的支出，主要包括纳入政府预算的工资福利支出、商品和服务支出、对个人和家庭的补助等。这种支出的特点是，它的消耗会使社会直接受益或当期受益，如公务员的工资、差旅费、修缮费等，这些费用的消耗就会形成当期服务的公共物品。经常性支出直接构成当期公共物品的成本。按照公平原则，当期公共物品的受益应与本期公共物品的成本相对应，经常性支出的补偿方式应为税收。

资本性支出是用于购买或生产使用年限在1年以上的耐久品所需的支出，其中有用于修建铁路和公路、购买设备等生产性支出，也有用于建筑办公楼和购买汽车、电脑等非生产性支出。这种支出的明显特点是，它的耗费的结果将形成供1年以上长期使用的固定资产。所以，资本性支出不能全部视为当期公共物品的成本，因为它所形成的成果有一部分是在当期受益，但更多的是在以后的较长时间内受益。与此相对应，资本性支出的一部分应在当期得到补偿，而大部分应分摊到未来的使用期。所以，资本性支出的补偿方式有两种：一是税收，意味着本期享用的公共物品，本期付出代价；二是国债，意味着未来享用的公共物品，未来时期付出代价。

净贷款主要指国债的还本付息支出。

4. 按支出功能和经济性质分类

从2007年1月1日开始，国家对原有的财政支出科目的分类范围、分类体系和具体科目设置进行了较大的改动，支出功能分类不再按经费性质，而主要按政府的职能和活动设置科目，支出经济分类是对各种不同用途方面支出的具体经济构成作出说明。

（1）按支出功能分类。所谓财政支出功能分类，就是按政府主要职能活动对财政支出进行的分类。这种分类方法将各部门和单位相同职能的支出归于同一功能下，不受国家政府组织机构差别的影响，从而有利于进行国际比较。

2007年政府收支分类改革前，财政支出总体上是按经费性质分类的，把预算支出分为基本建设支出、行政管理费、文教科学卫生事业费等。这种分类便于财政部门按不同经费性质分配资金，同时也便于对政府支出中的生产性支出与非生产性支出比例，积累和消费比例等进行统计分析。但这种分类有一个最大的缺点，就是不能集中反映政府在某一方面（如教育）的全部支出情况。

改革后则按政府职能和活动设置财政支出科目，基本做到将相同功能的支出集中在同一功能科目中反映。政府向哪些部门、哪些方向进行了多少支出，就能直接从科目上看出来。这个分类能够体现政府一定时期内的方针政策、清晰反映政府职能活动的支出总量、支出结构与资金的使用方向，便于根据建立公共财政体制的要求和宏观调控的需要，有效进行总量控制和结构调整。

支出功能分类设置类、款、项、目四级，类级科目反映政府的某一项职能，款级科目反映为完成某项政府职能所进行的某一方面工作，项级科目反映某一方面工作的具体支出。在这种分类方法下，一般公共预算支出分为"一般公共服务""外交""国防""公共安全"等大类，类下分款、项、目三级。例如，"教育"是一个类级科目，"普通教育"是教育职能在下的"小学教育"就是其中的一个项级科目，反映出政府为完成教育职能在"普通教育"中用于"小学教育"这个具体方面的支出费用是多少。财政支出按支出功能分类后，政府的钱投向何方，在预算支付和决算统计上就能清楚地反映出来。

2023年按照全口径预算管理要求，我国政府财政支出科目归类如下：一是一般公共预算支出类目，包括一般公共服务支出、外交支出、国防支出、公共安全支出、教育支出、科学技术支出、文化旅游体育与传媒支出、社会保障和就业支出、卫生健康支出、节能环保支出、城乡社区支出、农林水支出、交通运输支出、资源勘探工业信息等支出、商业服务业等支出、金融支出、援助其他地区支出、自然资源海洋气象等支出、住房保障支出、粮油物资储备支出、灾害防治及应急管理支出、预备费、债务付息支出、债务发行费用支出、债务还本支出、其他支出、转移性支出共27类支出；二是国有资本经营预算支出科目，包括解决历史遗留问题及改革成本支出、国有企业资本金注入、国有企业政策性补贴、其他国有资本经营预算支出等；三是社会保险基金预算支出科目，包括职工基本养老保险基金支出、失业保险基金支出、职工基本医疗保险基金支出、工伤保险基金支出、生育保险基金支出等。

2014年后，除涉密内容外，中央部门预算全部公开到支出功能分类的项级科目，也就意味着目前已经按照功能分类的最底层科目实现向社会公众公开，这体现出中央打造阳光财政的力度和决心。从2015年1月1日起，政府性基金预算与一般公共预算的统筹力度加大，政府性基金预算中用于提供基本公共服务以及主要用于人员和机构运转等方面的项目支出转列入一般公共预算。

（2）按支出的经济性质分类。按财政支出的经济性质和具体用途进行的分类叫支出经济分类。在支出功能分类明确反映政府职能活动的基础上，支出经济分类明细反映政府每一项支出的具体用途，以说明政府的钱究竟是怎么花出去的。如果说支出功能分类是反映政府支出"做了什么事"的问题，支出经济分类则是反映"怎样去做"的问题，说明政府资金是付了人员工资、会议费还是买了办公设备。全面、明细的支出经济分类为加强政府预算管理、部门财务管理以及政府统计分析提供了重要工具和手段。

政府财政支出经济分类按照简便、实用的原则，设置类、款两级科目。2023年，我国财政支出按经济分类的类级科目具体包括：机关工资福利支出、机关商品和服务支出、对个人和家庭的补助、对事业单位的经常性、资本性补助、转移性支出、债务利息及费用支出、对企业资本性支出和其他支出等15类。款级科目是对类级科目的细化。

政府收支分类改革后，政府每一笔支出都可以通过功能分类和经济分类同时进行反映。编制项目支出预算时，可先在支出功能科目中找到对应的功能项目，然后根据项目支出的具体内容将项目支出细化分解到各个相应的支出经济分类科目中。例如，根据2023年我国政府财政收支分类科目中的规定，公安部门用于治安管理的某个项目支出，应列入功能分类"公共安全"类、"公安"款、"执法办案"项级科目。然后根据该项目支出中有关开支的具体用途在经济分类中分解，属于反映单位开支的在职职工和临时聘用人员的各类劳动报酬，以及为上述人员缴纳的各项社会保险费的，列入"工资福利支出"类下的有关款；属于单位购买商品和服务各项支出的，列入"商品和服务支出"类下的有关款；属于对个人和家庭补助方面的支出，列入"对个人和家庭的补助"；其他范围的，列入相应类级科目下的相关款级科目。

总之，支出经济分类与支出功能分类是两个相对独立的体系，从不同侧面、以不同方式反映政府支出活动，构成一个全面、明晰地反映政府收支活动的分类体系。

（三）财政支出的影响因素及合理规模选择的路径

1. 影响财政支出规模的宏观因素

（1）经济性因素。经济性因素主要指经济发展的水平、经济体制以及中长期发展战略和当前经济政策等。世界各国的实践证明，经济性因素始终是影响财政支出规模的主要因素，甚至是决定性因素。一般而言，发达国家的财政支出规模高于发展中国家。我国总的情况是长期内仍是一个发展中国家，经济体制仍处于转型过程中。随着经济体制改革的进展和经济稳定的增长，财政收入增长加快了，但为了构建和谐社会，实现建设新农村、大力发展教育卫生事业、扩大就业和完善社会保障制度、推进产业结构优化升级、保护生态环境等任务，就要求在一段时间内仍然适度提高或维持财政支出占GDP的比重，因而财政收入增长的可能性和财政支出规模增长的必要性将是今后一段时间内财政运行的主要矛盾。

（2）政治性因素。政治性因素对财政支出规模的影响主要体现在三个方面：一是政局是否稳定，二是政体结构和行政效率，三是政府干预政策。关于政局稳定问题，皮科克与威斯曼的分析认为，当一国发生战争或重大自然灾害等突发性事件时，财政支出的规模必然会超常规地扩大，而且事后一般难以降到原来的水平。关于政体结构和行政效率，首先是与一国的政治体制和市场经济模式有关。至于行政效率，则涉及政府机构的设置问题。若一国的行政机构臃肿，人浮于事，效率低下，经费开支必然增多，这是确定无疑的。我国当前的关键还是在于正确处理政府与市场的关系，进一步转变政府职能。这里要抓好四个环节：一是坚决实行政企分开。把政府不该管的事务交给企业、市场、社会组织和中介机构，充分发挥市场在资源配置中的决定性作用，把政府经济管理职能转换到主要为市场主体服务和创造良好发展环境上来，主要运用法律手段和经济手段管理经济。二是全面正确履行政府职能，进一步简政放权，深化行政审批制度改革，加快投资体制改革，确立企业投资主体地位，使行政审批走向制度化、规范化和法制化。三是在政府履行合理的经济调节和市场监督职能的同时，更加重视社会管理和公共服务职能。当前特别要建立和健全各种应急机制，提高应对突发事件的能力，大力推进教育、卫生、科技、文化等公共事业的发展，扩大就业，提供社会保障，建设公共设施，提高公共服务水平。四是树立以人为本的管理思想，坚持全面协调和可持续的发展观。统筹兼顾经济和社会、城市和农村、东部地区和中西部地区、人与自然的协调发展，全面提高人民的物质文化水平和健康水平。

（3）社会性因素。有很多因素如人口、就业、医疗卫生、社会救济、社会保障以及城镇化等因素，都会在很大程度上影响财政支出规模。一国的社会问题会对财政支出不断提出新的需求，构成扩大财政支出规模的重要因素。

2. 影响财政支出规模的微观因素

为了寻求合理的财政支出规模，不仅需要分析影响财政支出的宏观因素，而且需要分析和控制影响财政支出的微观因素。福利经济学对财政支出增长的分析主要是从微观角度进行的，它采用效用最大化的分析方法，将市场有效供给原理运用到政府公共物品的供应中，通过影响财政支出增长的变量，如公共物品的需求、公共物品的成本和价格、公共物品的质量、生产组织形式等，来分析和研究财政支出规模。如成本—效益分析法、最低成本法等分析方法，不仅是事后考核支出效用的方法，而且也是事前测定经济性支出和非经济性支出项目规模的方法，即从具体支出项目来分析和控制财政支出总规模。在随后的有关章节中讲到的我国近年来财政管理中所采取的诸多加强预算管理的制度和措施,如政府采购制度、国库集中支付制度等,其目标都是从微观管理入手,以提高财政支出效益、控制财政支出规模。

3. 政治决策程序

财政是国家(或政府)的一种经济行为,可以说财政学是名副其实的政治经济学,财政是经济与政治的汇合点,因而政治决策必然是影响财政支出规模的重要因素。由上分析可知,财政支出规模是随着经济发展而逐步上升,达到一定阶段而相对稳定;但各发达国家相对稳定的财政支出规模却是高低不一的,同样是所谓自由市场经济的国家,美国财政支出占GDP的比重只有35%左右,而英、法两国则高达50%左右。经济发达国家目前相对稳定的水平,主要是由几百年市场经济运行中市场与政府的磨合形成的,而各国水平的差异则是由各国具体国情的不同决定的。这个水平也就是适合该国的市场与政府之间资源配置的最佳模式。可以说,没有一种精确的模型能够测算出某一个国家的财政支出规模的最佳水平,除了由市场运行自发形成这个主要因素外,无疑还含有政治决策的因素。应当看到,达到相对稳定水平以后,不可能是绝对停止的,不同时期甚至每年都会存在一定幅度的波动,而这种波动则必然是由各国政府通过政治决策程序来决定的。正是因为政治决策与财政支出规模之间的紧密关系,才出现了所谓的公共选择理论;而公共选择理论则是将经济分析工具和方法应用于政治决策过程,深入研究政府决策程序和选举制度,以寻求财政决策的最佳途径。

我国实行的社会主义市场经济体制是在政府推动下建立和形成的,政治决策对我国财政支出规模的发展变化以及最终形成最佳的相对稳定水平具有重要影响。为此,必须遵循党的关于市场在资源配置中起决定性作用的相关政策,加快政府职能的转变,全面正确履行政府职能,完善科学民主决策机制,健全重大问题集体决策机制和专家咨询制度,实行社会公示和社会听证制度,大力推进依法治国、依法执政,严格按法律规定的权限和程序行使权力和履行职责,形成对行政权力的制约和监督。

（四）财政支出的原则

财政支出的内容涉及社会和经济中各方面的利益，在安排财政支出的过程中会遇到各种复杂的矛盾，如财政支出与财政收入的矛盾，财政支出中各项目支出之间的矛盾，以及财政支出中如何提高支出效益问题，等等。为了正确地分配、使用和管理财政资金，保证国民经济有序地持续稳定发展，必须遵循一定的准则即财政支出的原则。在我国财政支出中必须坚持以下三个原则：量入为出原则，统筹兼顾优化支出结构原则，厉行节约、讲求效益原则。

1. 量入为出原则

所谓量入为出原则，即以收定支，是指在合理组织财政收入的基础上，根据收入规模来安排支出，支出总量不能超过收入总量。

在实践中，财政收入与财政支出是一对矛盾。财政收入过少，不能保证财政支出的最低需要，影响社会经济、政治活动的正常进行。而财政收入过高，又会影响企业和劳动者个人物质利益的正常增长。其实，财政收入和财政支出之间是可以相互促进的，财政支出的增加，可以扩大财政收入来源，收入来源的扩大又可以带动支出规模的扩大。

2. 统筹兼顾优化支出结构原则

统筹兼顾优化支出结构原则是指正确安排财政支出各个项目之间的比例关系，使之实现结构的最优组合，以促进经济的协调稳定发展。

在财政支出总量既定的前提下，各项支出之间、各部门之间客观上存在着此增彼减的矛盾。这就要求政府在安排财政支出结构时，必须从全局出发，通盘规划，区分轻重缓急与主次先后，正确处理购买性支出和转移性支出之间的关系，正确处理投资性支出与公共消费性支出的关系，公共预算支出和投资性建设支出的比例关系，经济建设支出和经常性支出的比例关系，正确处理国民经济各部门之间的比例关系等。

3. 厉行节约、讲求效益原则

厉行节约、讲求效益原则就是要求将财政收入安排在最合适的财政支出项目中，用尽可能少的劳动耗费和劳动占用取得尽可能多的有用劳动成果，使有限的财政资金产生最大的效益。提高财政资金支出效益是财政支出的核心问题。

这种效益不同于其他经济主体的支出效益，财政支出的效益必须处理好以下两个关系：

一是财政支出的社会效益和经济效益的关系。财政支出的经济效益是指以尽可能少的财政资金耗费为国家提供更多的财政收入，这主要是针对建设性支出而言。而一些经常性支出项目不能直接取得经济效益，如国防、文化、教育、科学、卫生等方面的支出。但它有利于社会安定团结，人民生活的改善，即能取得很好的社会效益。在安排财政支出时，在侧重社会效益的前提下，必须把这两种效益有机地结合起来考虑。

二是财政支出的宏观效益与微观效益的关系。在国民经济总体效益的实现上，有时可能出现对企业等微观经济组织的效益不利。因此在财政支出安排上，要将宏观利益和微观利益很好地结合起来，要从国家全局的需要出发，兼顾微观经济主体的利益。

一般在财政支出既定的情况下，提高财政支出效益的途径有两个：一是尽可能地节约使用财政资金，减少所费，即少花钱多办事；二是使用同等数量的财政资金获得更大的有用成果，即增加所得。

目前，根据财政支出项目的不同，世界上评价财政支出效益的方法主要有以下三种："成本—效益"分析法、最低费用选择法和公共劳务收费法。

第二节　财政收入与财政支出的规模和结构

一、财政收入的规模和结构

（一）财政收入的规模

1. 财政收入规模的含义

财政收入的规模是指财政收入的总水平，通常用绝对数额，如财政收入总额，也可用相对数额，如财政收入占国民生产总值、国内生产总值、国民收入的比重来表示。财政收入的规模是衡量一国财力的重要指标,它表明了该国政府在社会经济生活中作用的大小。每个国家都把保证财政收入的持续稳定增长作为政府的主要财政目标。

2. 财政收入规模的衡量

(1) 财政收入绝对额指标。财政收入的绝对额指标是指一定时期的财政收入总额,它是反映一定时期财政收入规模的绝对数指标,是分析政府可支配财力的重要指标。在纵向比较上,通过考察政府财政收入总额的增长趋势,能反映财政收入规模、财政收入与经济增长的关系及合理程度;在横向比较上,通过比较各国在不同经济发展阶段上的财政收入总额,可以考察一国在相同时期的财政收入规模状况与合理程度;通过比较一国范围内各地区在同一时期的财政收入总额,可以考察各地区在经济发展与财政能力上的差距,为国家经济政策的制定或调整服务。

(2) 财政收入相对额指标。

1) 财政收入增长率。财政收入增长率是指报告期财政收入总额与基期财政收入总额的增长情况比较,是反映一定时期财政收入水平变化程度的动态指标。财政收入增长率的计算方式有两种:

第一,财政收入年度增长率。财政收入年度增长率反映两年之间的收入变化情况,计算公式如下:

$$财政收入年度增长率 = \frac{报告期财政收入 - 基期财政收入}{基期财政收入} \times 100\% \quad (3-1)$$

第二,财政收入年均增长率。财政收入年均增长率反映若干年度财政收入的平均变化情况,其计算公式如下:

$$财政收入年均增长率 = \sqrt[n]{\frac{报告期财政收入}{基期财政收入}} - 1 \quad (3-2)$$

2) 财政收入占GDP的比重。财政收入占GDP的比重,又称为国民经济的财政负担率,是反映一个国家或地区财政集中程度的一个综合性指标。其计算公式如下:

$$财政收入占GDP的比重 = \frac{报告期财政收入}{报告期GDP} \times 100\% \quad (3-3)$$

3）财政收入弹性。财政收入弹性是指财政收入增长率与 GDP 增长率之间的比例关系，反映了 GDP 变化与财政收入变化之间的关系。其计算公式如下：

$$财政收入弹性系数 = \frac{财政收入增长率}{GDP增长率} \qquad (3-4)$$

4）财政收入边际倾向。财政收入边际倾向是指财政收入增长额与 GDP 增长额之间的比例关系，在一定程度上反映了 GDP 变化与财政收入变化之间的关系。其计算公式如下：

$$财政收入边际倾向 = \frac{财政收入增长额}{GDP增长额} \qquad (3-5)$$

5）人均财政收入。人均财政收入反映了财政收入的人均额度。其计算公式如下：

$$人均财政收入 = \frac{报告期财政收入}{报告期人口总额} \qquad (3-6)$$

3. 最优财政收入规模

财政理论界在关于财政收入规模的认识上存在着三种不同的观点：第一种观点认为，最优财政收入规模是指最小化的财政收入规模；第二种观点认为，最优财政收入规模是指最能体现财政收入分配制度要求的财政收入规模；第三种观点认为，最优财政收入规模是实现"以收定支"与"以支定收"财政分配原则相适应的财政收入规模，是一种建立在财政收支相互决定理论思想上的观点，在当今财政理论界占主流地位。

上述财政收入规模最小化即为最优的观点，其实是一种"大社会，小财政"的提法，它表达了一种对膨胀性财政规模担忧的思想，而实践中的小财政却未必处于规模最优状态，财政收入规模过大或过小的衡量标准，决定于一个国家一定时期的社会公共需求；合乎财政分配制度要求的财政收入规模即为最优财政收入规模的观点也不一定正确，如果财政收入分配制度选择不合理，越能体现该制度要求的财政收入规模不合理；财政收支适应状态的财政收入规模最优的观点，"以支定收"与"以收定支"相结合的观点，只是强调了财政收支在总量上的对称性，如果财政收支适应性建立在行政效率低下的状态下，论题就不成立了。如何重新界定财政收入最优规模呢？有学者认为：最优财政收入规模应该是实现社会投资，社会资源利用效率，社会福利最大化目标，正确处理公共部门和私人部门经济关系,并处于经济社会均衡状态下的财政收入规模。

4.影响财政收入规模的因素

财政收入规模既要考虑满足政府支出的需要,又要保证经济持续、健康、稳定的发展。财政收入过大或者过小,都会产生不利影响。财政收入规模过大,政府集中的社会财力过多,就会降低个人与企业的消费水平,限制企业生产能力的提高,从而影响经济效率;财政收入规模过小,就不能满足社会对公共产品的需求,也将降低经济效率。因此,财政收入规模必须适当,要与国民经济发展规模、速度以及公众需求相适应。

从世界各国情况看,决定公共收入规模的因素有以下几方面。

(1)经济发展水平。经济发展水平对财政收入规模的影响是最为基础的。经济发展水平反映一个国家社会产品的丰富程度和经济效益的高低。经济发展水平越高,社会产品越丰富,国内生产总值或国民收入就越多。一般而言,国内生产总值或国民收入多,则该国的财政收入总额较大,占国内生产总值或国民收入的比重也较高。

(2)生产技术水平。生产技术水平内含于经济发展水平之中,也是影响财政收入规模的重要因素,较高的经济发展水平往往以较高的生产技术水平为支柱。所以,分析技术进步对财政收入规模的影响,也就是研究经济发展水平对财政收入规模影响的深化。简单地说,生产技术水平是指生产中采用先进技术的程度,又可称为技术进步,它对财政收入规模的制约可从两个方面分析:一是技术进步可加快生产速度,提高生产质量,技术进步速度越快,社会产品和国民生产总值的增加越快,财政收入的增长就有充分的财源;二是技术进步必然带来物耗比例降低,经济效益提高,剩余产品价值所占的比例扩大,从而增加财政收入。由此看来,促进技术进步,提高经济效益,是增加财政收入的首要途径。

(3)经济体制。在社会经济发展水平一定的情况下,经济体制是决定财政收入规模的重要因素。在计划经济体制下,政府通过计划手段进行资源配置,市场机制的作用受到抑制,绝大部分的资源配置以及社会财富的分配权力都高度集中在政府手中,财政收入的规模相对较大。在市场经济条件下,资源配置主要由市场进行，政府主要通过经济政策和法律手段间接地影响资源配置和收入的再分配，财政收入的规模相对要小。

（4）传统与习俗。以瑞典、挪威等国为代表的北欧"福利国家"具有将社会保障作为立国之本的传统，社会保障支出占国民收入的45%以上。为了取得所需的资金，这些国家往往对个人和企业课以重税，因此财政收入的规模相对较大。而奉行自由市场经济制度的国家，习惯上将税率保持在一个相对较低的水平上，以激励人们的生产活动和投资活动，有时为了刺激经济的发展甚至采用减税的政策，因此，财政收入的相对规模较小。

（5）价格。由于财政收入是用一定时点的现价计算的货币收入，所以，由于价格变动引致的GDP分配必然影响财政收入的增减。价格分配对财政收入的影响主要取决于两个因素：一是通货膨胀，二是财政收入制度。特别当通货膨胀率高于财政收入增长时，将会导致财政收入名义增长而实际负增长的问题。在实行以累进所得税为主体税制的国家，由于纳税人所适用的税率会出现"档次爬升"，即随着通货膨胀率的上涨，名义收入增长，适用税率档次升高，财政收入将有所增长，因此通货膨胀对财政收入的影响较小。而在大部分发展中国家，由于实行的是以比例税率的间接税为主体的税收制度，税收的增长率与通货膨胀率较为接近，财政收入的实际增长将大大低于名义增长，因而在这种税制结构下，通货膨胀对财政收入的影响较大。

（6）政府职能的范围。在自由资本主义时期，政府担任的是"守夜人"的角色，主要职责就是提供国防、兴建公共工程和制定并执行法律，职能范围相对较狭小，因此财政收入的规模也较小。20世纪30年代世界经济危机爆发后，政府开始肩负起调控宏观经济、提供社会保障、保持经济稳定等越来越多的职责，职能范围不断扩大，这就要求与之相匹配的财政收入规模相应增大。

（二）财政收入的结构

对财政收入结构进行分析，可以根据研究角度的不同和对实践分析的不同需要从多个角度进行。目前，各国学者主要从财政收入分项目构成、财政收入所有制构成、财政收入部门构成等方面对财政收入结构进行分析。

1. 财政收入分项目构成

分析财政收入分项目构成,是指按财政收入形式分析财政收入的结构及其变化的趋势。这种结构的变化,是我国财政收入制度变化的反映。

在过去的计划经济体制下,财政收入对国有企业主要采取上缴利润和税收两种形式。由于实行统收统支体制,区分上缴利润和税收并没有实质性的意义,而且长期存在简化税制、"以利代税"的倾向,所以直到改革开放前夕,以上缴利润为主的企业收入项目仍占财政收入的50%以上。改革开放后,随着经济体制改革的逐步深化,税收才逐步取代上缴利润,至今已占主导地位。1983年的第一步"利改税"迈出了重要的一步,就是对国有企业开征企业所得税。1984年的第二步"利改税"又将原先已经简并的工商税重新划分为产品税、增值税、营业税和盐税,同时开征或恢复了资源税等其他一些税种,这就大大增强了税收的财政收入作用和经济调节作用。为了适度集中财力,我国于1983年开始征集能源交通重点建设基金,1986年又开始征集教育费附加,1989年开始征集预算调节基金,随后又对国有企业进行改制,并在较长一段时间内实行企业包干制。企业包干实际上就是将已经开征的国有企业所得税包干上缴,而且不是按固定比例上缴,是按包干合同分别核定每个企业上缴的金额或比例,实际上已经失去了税收的性质。但为了维护"利改税"已经取得的成果,在财政核算上仍将包干收入计入税收项下,这样在形式上维持了税收在财政收入中的主导地位。1994年对工商税实行全面改革,同时停止了能源交通重点建设基金和预算调节基金的征集,才最终奠定了税收在财政收入中的主导地位。1996年各项税收占财政收入的93.3%,各项税收中工商税收占76.3%,工商税收中增值税、消费税、营业税三税共占88%。随着2016年5月1日起全面推行"营改增"试点改革,在我国实施了60多年的营业税正式废止。

2. 财政收入所有制构成

财政收入所有制构成是指来自不同经济成分的财政收入所占的比重。这种结构分析的意义,在于说明国民经济所有制构成对财政收入规模和结构的影响及其变化趋势,从而采取相应的增加财政收入的有效措施。研究财政收入的所有制结构是国家制定财政政策、制度,正确处理国家同各种所有制经济之间财政关系的依据。

财政收入按经济成分分类，包括来自国有经济成分的收入和来自非国有经济成分的收入两个方面。对财政收入作进一步细分，则有来自全民所有制经济的收入，来自集体所有制经济的收入，来自私营经济的收入，来自个体经济的收入，来自外资企业的收入，来自中外合资经营企业的收入和来自股份制企业的收入。我国经济以公有制为主体，国有经济居支配地位，同时允许并鼓励发展城乡个体经济、私营经济、中外合资经营企业和外商独资企业。

中华人民共和国成立初期，个体经济和私营经济在国民经济中占有相当的比重，来自二者的财政收入占40%以上。但随着社会主义改造的进行，国有经济和集体经济的比重急剧增加，到"一五"计划时期，来自国有经济的财政收入已达69.4%，来自集体经济的财政收入也有9.8%，个体经济和私营经济则退居次要地位。之后，我国财政收入来自全民所有制的国有经济的部分逐步增加，国有经济上缴的收入占整个财政收入的绝大部分。如改革开放前的1978年，国有企业上缴的收入占全部财政收入的87%，直到1995年仍占71.7%。

改革开放后，随着城乡集体经济、个体经济、私营经济的发展以及三资企业的增加和财税管理制度的进一步完善，来自这些经济成分的财政收入相应增加。国有经济上缴的收入占整个财政收入的比重也随之发生了一些变化，但国有经济作为财政收入支柱的地位基本没有改变。

二、财政支出的规模和结构

（一）财政支出规模的衡量指标

财政支出规模是指在一定财政年度内通过预算安排的财政支出总额。最常见的衡量财政支出规模的指标有两种：财政支出的绝对量和财政支出的相对量。

财政支出的绝对量是指政府通过财政渠道安排和使用财政资金的绝对数量。财政支出的相对量则是指政府通过财政渠道安排和使用财政资金的相对数量。

1. 绝对量指标

一般来说，财政支出的绝对量指标包括静态指标和动态指标。

（1）静态指标。静态指标是指用货币量表示的财政支出规模。静态指标可以直观反映一定时期内政府财政活动的规模，但是在比较不同国家或同一国家不同时期的绝对量静态指标时，必须考虑人口、价格水平、汇率等因素。

（2）动态指标。动态指标是指用货币量表示的财政支出规模的变动率。动态指标反映了一定时期内财政支出规模增减变动的情况。由于一国货币币值的变动对这一指标的影响很大，因此在计算这一指标时，要剔除价格水平的影响。

2. 相对量指标

通常，财政支出的相对量指标也包括静态指标和动态指标。

（1）静态指标。静态指标是财政支出的绝对数量和一国经济总量之比。通常采用的经济总量指标是国内生产总值（GDP），财政支出占GDP的比重也称财政支出的经济负担率，用公式可以表示为：

$$财政支出的经济负担率 = 财政支出总额 / GDP \quad (3-7)$$

在运用这一指标时，要考虑国家经济体制、统计数据口径的变化及变化所带来的影响。

（2）动态指标。一般来说，财政支出相对量的动态指标主要包括财政支出增长率、财政支出增长的弹性系数以及财政支出增长的边际倾向。

1）财政支出增长率，即当年财政支出增长额占上年同期财政支出增长额的百分比，用以表示财政支出的增长速度。用公式可以表示为：

$$财政支出年度增长率 = \frac{财政支出增长额}{上年同期财政支出额} \times 100\% \quad (3-8)$$

2）财政支出增长的弹性系数，即一定时期GDP的增长幅度与财政支出增长幅度的比率。用公式可以表示为：

$$财政支出增长的弹性系数（E） = \frac{某一时期财政支出增长率}{同一时期GDP的增长率} \quad (3-9)$$

如果 $E>1$，说明GDP的增幅小于财政支出的增幅；如果 $E<1$，说明GDP的增幅大于财政支出的增幅；如果 $E=1$，说明GDP的增幅等于财政支出的增幅，即两者同步增长。

3）财政支出增长的边际倾向，即某一时期财政支出增加额与同一时期GDP

增加额的比率。用公式可以表示为：

$$财政支出增长的边际倾向 = \frac{某一时期财政支出增加额}{同一时期GDP增加额} \qquad (3-10)$$

如果某一时期财政支出增长的边际倾向上升，说明这一时期CDP增加额中用于财政支出的部分较多，即财政支出的规模相对扩大。如果某一时期财政支出增长的边际倾向下降，说明这一时期GDP增加额中用于财政支出的部分较少，即财政支出的规模相对缩小。

（二）财政支出增长的理论

财政支出规模反映了政府配置资源的效率。为了分析该效率，各国经济学家从不同角度对财政支出规模变动的趋势进行了研究。通过学习这些财政支出理论演变的路径，可以全面深入考察一个国家财政支出不断增长的原因。

1. 瓦格纳法则

19世纪80年代，德国著名经济学家瓦格纳在对美、日和欧洲一些国家的公共支出数据进行实证分析时发现，随着经济发展和国家职能的扩大，国民收入不断提高，而财政支出规模则会相应地以更大比例提高。基于德国的统计口径，瓦格纳认为，随着人均收入水平提高，政府支出占国民生产总值（GNP）的比重也会提高，这是由于国家职能扩大所导致的。具体而言，他认为，可以从两个方面来解释财政支出增长的趋势：一是政治因素。随着经济的发展，经济主体之间的关系越来越复杂，因此产生了对商业法律和契约法律的社会公共需求，政府因此需要增加公共支出，把更多的财政资源用于建立法律制度和司法组织。二是经济因素。随着经济的发展，人口出现集聚现象，需要增加政府支出，用于教育、娱乐、文化服务的公共产品的提供，这些公共支出的增长会快于GNP的增长。

瓦格纳法则从公共需求的角度解释了财政支出的增长，正确预测了财政支出增长的历史趋势。但是，他并没有解释财政支出增长快于GNP增长的原因，没有考虑国家之间的政治制度、文化、公共支出路径的异质性。

2. 梯度渐进增长理论

英国经济学家皮科克和威斯曼对20世纪英国公共支出的历史数据进行了分

析，结果发现，政府支出具有一定的梯度上升趋势。具体来说，当社会处于稳定的正常年份时，政府支出会呈现一种渐进的上升趋势。但是当社会发生战争、瘟疫、经济危机等不稳定事件时，政府支出会急剧上升。当不稳定事件结束时，政府支出会下降，但不会低于原来的水平。他们进一步指出，公众可容忍的税收水平的提高是解释这一趋势的主要原因。在社会稳定时期，公众可容忍的税收水平也比较稳定，没有任何动力提高。但是，随着经济的发展，即使税率不变，政府税收收入也会增加，相应的政府支出也会增加。而当社会不稳定时，公众则会容忍政府支出水平的大幅提高。当造成社会不稳定的因素消除时，政府支出水平就会下降，但政府会设法维持可容忍的税收水平，结果是政府支出水平虽有下降，但是不会回到原来的水平。

政府维持可容忍的税收水平不下降的原因可以归结为两点：一是审视效应。在社会不稳定时期，政府对社会的公共治理会暴露出很多问题，使公众认识到政府应当扩大支出水平，从而使政府支出水平得到支持。二是集中效应。在社会不稳定时期，中央政府会集中较多财力和财权，而社会不稳定期结束后，中央政府不会将财权过度分散。

梯度渐进增长理论强调财政支出增长趋势的时间格局，并认为社会不稳定和税收容忍度增强是财政支出水平增长的原因。但这一研究仅针对英国，忽视了其他国家具有经济、政治等的异质性。

3. 经济发展阶段论

美国经济学家马斯格雷夫和罗斯托则用经济发展阶段论来解释政府支出增长的原因。他们认为，在经济发展的早期阶段，政府投资比重较高，因为要为经济体系提供社会基础设施建设，在经济发展的中期阶段，政府投资的比重有所下降，但是地位依然重要，因为政府投资是对私人投资的补充。一旦经济达到成熟阶段，政府支出将从原有的基础设施支出转向社会福利支出，比如教育、医疗与福利服务，并且这些支出将大大高于GDP的增长，导致财政支出规模膨胀。

（三）财政支出规模的影响因素

影响财政支出规模增长的因素有很多，最常见的包括经济发展阶段、政府职能扩张、政治体制因素、人口增长、价格上升及突发事件等。

1. 经济发展阶段

经济的不同发展阶段对财政支出规模及支出结构变化有不同影响。在经济发展的早期，政府投资在公共支出结构中占有较高比重。一旦经济达到成熟阶段，公共支出将从基础设施支出转向公共福利支出。由于这部分支出会随着人口的增长而迅速增加，从而导致财政支出规模迅速膨胀。因此，经济发展阶段成为影响财政支出规模的重要因素之一。

2. 政府职能扩张

随着经济发展和政府功能的日趋完善，政府职能会大幅度增加，财政支出规模则会随着政府职能的扩张日趋增加。具体表现为以下几类情况：

（1）为了加强宏观调控，在需求不足的情况下，政府会主动增加开支，提振社会总需求。

（2）为了促进收入分配公平，政府会提高社会保障和社会福利支出。

（3）为了促进经济可持续发展，政府将增加环境保护、自然资源保护等方面的财政支出。

（4）政府职能扩张，政府机构会增加，人员经费和公用经费也会随之快速增长。

3. 政治体制因素

影响财政支出规模的政治体制因素主要包括政治状况是否稳定，政体结构、行政效率、政府机构的设置是否科学等，这些因素都会不同程度地对政府财政支出的规模产生影响。

4. 人口增长

随着人口的增长，政府必然要提供更多的公共产品和服务，这将导致财政支出规模增加。

5. 价格上涨

从历史经验来看，价格变动的长期趋势是上升的。随着物价的上升，政府购买商品和服务的支出增加，管理费用也会增加，从而导致财政支出规模的增加。

6. 突发事件

在现实中，突发事件会促进财政支出的规模增加，主要表现在以下方面：

（1）为了遏制突发事件的蔓延和控制危害，需要采取果断措施，投入资金进行应急治理。

（2）为了对突发事件造成的损失进行挽救，并采取措施防止损失的进一步扩散，需要投入大量的财政资金。

（3）为了救助遭受突发事件冲击的行业和人员，政府需要出台相应的政策，从而导致政策性财政支出增加。

（四）关于财政支出结构发展变化的学说

1. 马斯格雷夫和罗斯托的经济发展阶段论

马斯格雷夫和罗斯托的经济发展阶段论是联系财政支出结构的变化来解释财政支出规模增长的原因。他们认为，在经济发展的早期阶段，政府投资在社会总投资中占有较高的比重，公共部门为经济发展提供社会基础设施，如道路、运输系统、环境卫生系统、法律与秩序、健康与教育以及其他用于人力资本的投资等。这些投资对于经济与社会发展处于早期阶段的国家进入"起飞"以至进入发展的中期阶段是必不可少的。在发展中期，政府投资还应继续进行，但这时政府投资将逐步转换为对私人投资的补充。马斯格雷夫认为，在整个经济发展进程中，社会总投资以及政府投资的绝对数会增长，但社会总投资占GDP的比重以及政府投资占财政支出的比重则会趋于下降。罗斯托认为，一旦经济发展达到成熟阶段，公共支出就将从基础设施支出转向不断增加的教育、保健与福利服务的支出，而且这方面支出的增长速度将大大超过其他方面支出的增长速度，也会快于GDP的增长速度。

2. 内生增长理论

内生增长理论对财政政策在经济增长中的作用做出了新的解释。在经济增长理论中，新古典增长理论是最成熟也是最具有代表性的，该理论将经济增长解释为生产要素（特别是物质资本）的积累过程，认为只要投资超过重置的原有机器（或者人口增长带来的人均资本下降），人均产出就会增加，经济就会增长。但是，资本积累存在收益递减趋势，当投资减少到只足以抵补折旧时，资本积累就会稳定下来，人均产出和经济增长则将停滞。尽管有的经济学家已经意识到，如果物质资本的载体在技术上更加先进，资本积累的收益递减的趋势就会得以克服，即可实现人均产出和经济的持续增长。然而，该理论没有构建起相关的模型，仍然是将技术进步视为经济增长的一种外生因素。从20世纪80年代开始，以罗默、卢卡斯为代表的一批学者针对新古典模型的缺陷提出了一种新的经济增长理论。该理论的基本思想是，劳动投入过程中包含着因教育、培训及职工再教育而形成的人力资本，物质资本积累过程中包含着因研究开发活动而形成的技术进步，生产性公共投资的增加也有助于提高物质资本的边际收益率，因此，生产要素积累的收益率不会出现递减趋势，长期增长率将大于零。

显然，这一理论的贡献在于将原来认为是促进经济增长的外在要素内在化，据此人们将这种理论称为内生增长理论。这一理论对财政政策在经济增长中的作用也做出了崭新的诠释，认为生产性公共资本、人力资本和研究开发活动是一个国家长期经济增长的内在因素和内在动力，而这些因素具有明显的非竞争性、非排他性和外溢效应，具有"公共物品"的某些属性。也就是说，这些因素在财政政策变量的范围之内，所以，财政政策对经济增长和经济结构的调整，特别是对长期经济增长和经济结构调整，具有重要的特殊作用。财政支出结构不是一成不变的，不是僵化的，从客观上说，它取决于一个国家所处的经济发展阶段，财政支出结构的发展变化带有一定的规律性。

但从政府制定财政政策的角度看，则必须根据一定时期的国家发展战略和政策目标以及经济形势的发展变化来推动财政支出结构的调整和优化，而内生增长理论则为调整和优化财政政策结构提供了重要思路。

第三节 购买性支出与转移性支出

一、购买性支出

（一）购买性支出的含义

购买性支出是指政府用于在市场上购买所需商品与劳务的支出。这类公共支出形成的货币流,直接对市场提出购买要求,形成相应的购买商品或劳务的活动。它既包括购买进行日常政务活动所需商品与劳务的支出,如行政管理费、国防费、社会文教费、各项事业费等,也包括购买用于兴办投资事业所需商品与劳务的支出,如基本建设拨款等。

(二)购买性支出的特点

1. 有偿性

政府通过购买性支出直接获得等价的商品和劳务,用于满足政府履行职能的需要。

2. 等价性

政府在市场上购买商品或劳务是一种资金和商品或劳务的相向运动,一定数量的资金付出必须获得价值等量的商品或劳务。

3. 资产性

政府购买的商品或劳务包括消费品及各项生产要素,在很大程度上首先要转化为国有资产,然后再用于满足政府活动的消耗。其中,消费性支出形成政府履行其政治职能,社会职能的行政事业性资产;购买生产资料的投资性支出则形成经营性国有资产。

4. 消耗性

消耗性主要是对资金的实际使用主体而言的,在政府购买支出活动中,资金和要素一经政府购买,它们将在政府职能的实现过程中被消耗掉。

(三)购买性支出的经济效应

1. 购买性支出直接介入资源配置,影响资源配置效率

政府通过购买性支出提供公共产品和劳务,满足社会需要,体现了政府在社会资源和要素中的直接配置和消耗的份额。购买性支出规模的扩张和结构调整,直接刺激社会总需求的增加,引起社会资源流向变化的资源配置调整,促进社会资源的不同生产和消费组合,从而对整个社会的资源配置效率产生重要

影响。

购买性支出在资源的使用方面具有排他性。政府通过购买性支出在占有、消耗资源的同时也排除了其他部门使用这部分资源的可能性，这就是购买性支出的"挤出效应"。尽管购买性支出在资源配置中具有不可替代的作用，但是这种挤出效应的存在决定其规模不宜过大，否则会影响市场在资源配置中的基础作用。

2. 购买性支出直接引起市场供需对比状态的变化

从社会经济的循环周转角度来看，市场上必须有足够的、有支付能力的需求，产品销售才能实现。政府的购买性支出构成社会有效总需求的组成部分，形成相对应的商品和劳务需求。政府购买性支出的刺激促使私人投资的增加、企业生产规模的扩大和就业人数的增加，从而影响社会总需求和总供给之间的平衡。

3. 购买性支出对生产和就业具有刺激、扩展作用，间接影响收入分配

购买性支出的变化会对收入分配状况产生影响，但是这种影响是在前面所分析的购买性支出对资源配置、生产和就业，宏观总量平衡和经济稳定发生作用的过程中派生出来的。购买性支出使商品流通与生产规模扩大，必然给企业带来丰厚的利润；相反，购买性支出减少，企业利润会随生产流通规模的萎缩而下降。即使在支出规模不变的情况下，购买性支出结构的任何变动，都会改变不同企业的利润水平。

在一国的财政支出结构中，如果购买性支出所占的比重越高，就表明该国政府对资源配置和经济稳定的影响力度越大。因为购买性支出对社会总需求会产生直接的影响，政府公共部门占有资源越多，私人部门可支配的资源就越少；在经济萧条时期增加购买性支出或者在经济繁荣时期减少购买性支出，都能促进经济稳定。因此，购买性支出成为各国政府实施宏观调控，特别是成为反经济周期的调控手段。

（四）购买性支出的规模与结构

1. 购买性支出的规模

购买性支出规模可以用购买性支出的绝对数指标和相对数指标来衡量。

（1）绝对数指标。购买性支出的绝对数量与一个国家的经济发展水平、政治环境、社会因素紧密相关。在不同的国家或同一国家的不同历史时期，政府购买性支出的绝对规模都是不相同的。从不同国家的同一历史时期来看，经济发展水平越高的国家，购买性支出的总量也会越多。从一个国家的不同历史时期来看，受经济发展水平、政治环境和社会环境诸因素的影响和推动，政府购买性支出的绝对规模也会相应地增长。

（2）相对数指标。衡量购买性支出的相对数指标有两个：一是购买性支出占 GDP 或 GNP 的比重；二是购买性支出占财政支出总量的比重。因为绝对数指标不便于比较，所以通常是以相对数指标来表示购买性支出的规模。购买性支出占 GDP 和财政总支出的比重，各个国家有所不同。一般来说，经济发达国家，由于政府较少参与生产活动，财政收入比较充裕，财政职能侧重于收入分配和经济稳定，因而购买性支出占 GDP 和财政总支出的比重与转移性支出占 GDP 和财政总支出的比重差别不大。发展中国家，由于政府较多地参与生产活动，财政收入相对匮乏，购买性支出占 GDP 和财政总支出的比重较大。

2. 购买性支出的结构

购买性支出的结构是指购买性支出各组成项目之间形成的关系。购买性支出主要由社会消费性支出与政府投资性支出构成。

（1）社会消费性支出。社会消费性支出是政府为开展日常的政务活动所需要的支出，主要包括行政管理支出、国防支出、科教文卫支出、社会保障支出等，是非生产性的消耗支出。其结果不会形成各种形态的资产，但它是社会再生产正常运行所必需的保证与支撑，其结果大多形成各种形态的行政事业性国有资产，并逐步被消耗掉。

1）一般公共服务支出。一般公共服务支出是指政府提供一般公共服务的支出。这类支出主要包括权力机关经费、行政业务费及其他行政费用等。按费用要素区分，一般公共服务支出包括人员经费和公用经费两大类。

2）国防支出。国防支出反映政府用于现役部队、国防后备力量、国防动员等方面的支出。国防支出在防御外敌侵犯、保卫国家安全等方面起着不可替代的作用，因此应根据我国经济发展和所面临的国际环境，合理安排国防支出，提高国防费用的分配和使用效率。我国的中央公共财政支出结构（2023年）中的国防支出科目主要有现役部队、预备役部队等军费支出和国防专项工程、国防科研事业、国防动员等方面的支出。

3）外交支出。外交支出反映政府外交事务支出，包括外交管理事务、驻外机构、对外援助、国际组织、对外合作与交流、边界勘界联检等方面的支出。

4）公共安全支出。公共安全支出反映政府维护社会公共安全方面的支出，主要包括武装警察、公安、国家安全、检察、法院、司法行政、监狱等的机关经费、业务费及其他经费等。

5）文教科卫支出。文教科卫支出是指财政用于文化、教育、科学、卫生、体育、通信、广播电影电视等事业单位的经费支出。科学技术是第一生产力。科技进步、增加投资和提高管理水平是国民经济增长的三大动力，而教育是科技的源泉和基础。新的科学知识也唯有通过教育才能传播开来，劳动者的科学文化知识、劳动技能和管理技能，主要是通过教育获得的，劳动者素质主要取决于其受教育的程度。此外，医疗保健事业的发展，直接关系着亿万人民的身体健康，是提高劳动者素质的主要保证。文化、教育、科学和卫生事业的发展在现代经济发展中发挥着越来越大的作用，已成为现代经济发展的重要推动力和保障，各国政府无不投入大量的资金，而且支出规模越来越大。

（2）政府投资性支出。政府投资性支出是政府用于购买社会所需的投资品的支出，属于生产性的消耗支出，其结果往往形成各种经营性的国有资产，如京九铁路、三峡工程，西气东输工程等所进行的投资。在我国的购买性支出中，投资性支出比重较高，也是我国购买性支出在财政支出中所占比重比较大的原因。

1）政府投资性支出的特点。

第一，政府投资可以微利或不盈利。由于政府处于宏观调控主体的地位，因此财政投资可以从事社会效益好而经济效益一般的投资，如公共设施、能源、交通、农业、通信和治理污染等有关国计民生的产业和领域。政府投资可以微利或不盈利，但是，政府投资建成的项目，可以极大地提高国民经济的整体效益。

第二，政府投资的资金来源可靠。政府投资的资金来源可靠，可投资于大型项目和长期项目。

第三，政府投资具有很强的综合性。政府投资与财政、金融等宏观经济政策密切相关，具有很强的综合性。因此，投资规模、结构和布局会直接影响国民经济结构和区域经济发展以及社会总供求的平衡。政府投资是调控经济运行的重要手段，对于保证国民经济的健康、协调、稳定发展具有重要作用。

2）政府投资性支出的领域。一是社会基础设施和公共基础设施投资领域。社会基础设施是指一国在科学技术研究和开发方面，以及教育和公共卫生等社会发展方面的基础设施。公共基础设施是指一国经济发展的外部环境所必需的基础设施，包括交通、邮电、供水供电、商业服务、园林绿化、环境保护等市政公共工程设施和公共生活服务设施等。在现代社会，完善的基础设施对加速社会经济发展、促进经济增长、提高生活质量起着巨大的推动作用，基础设施的投资应成为政府投资性支出的重点领域。但是，建立完善的基础设施往往需要较长时间和巨额投资，一般而言，发展中国家存在基础设施发展滞后的问题。二是经济基础产业投资领域。经济基础产业是关系到国计民生的重要企业，是经济发展必不可少的因素，主要包括能源、基本原材料等。这类产业具有资本密集程度高、投资大、建设周期长、投资回收慢等特点，如果没有政府投资的支持，经济基础产业就很难迅速发展。因此，政府应介入此类产业的投资，同时可以鼓励和吸引社会资金共同投资。三是高新技术产业投资领域。新兴产业在未来经济发展中具有强大的推动力，对其他产业劳动生产率的提高起着关键的作用。我国产业升级的根本途径在于应用科学技术。为此，政府财政投资要支持运用新的技术来改造和发展传统产业，使传统产业有新的发展和新的生命力。要以重大技术突破和重大发展需求为基础，促进新兴科技与新兴产业深度融合，在继续做强做大高技术产业的基础上，把战略性新兴产业培育发展成为先导性、支柱性产业。财政投资应有选择地发展节能环保、新一代信息技术、生物、高端装备制造、新能源、新材料、新能源汽车等战略性新兴产业，充分发挥高新技术产业对国民经济发展的重要作用。四是农业投资领域。政府的投资安排中必须要加强农业基础建设，推进农业结构战略性调整，促进发展高产、优质、高效、生态、安全农业，努力拓宽农民增收渠道。

3）政府投资性支出的宏观调控功能。一是直接调控，是指根据宏观经济政策目标，结合非政府投资的状态，安排政府自身投资的方向、规模与结构，使全社会的投资达到最优化状态。二是间接调控，是指通过产业政策的导向作用，综合运用财政投资、税收、财政补贴政策等，约束、调整非政府投资的条件，调控非政府投资的方向。

随着社会主义市场经济体制的建立，财政投资占财政支出的比重将有所下降，但仍发挥着不可替代的引导结构调整的作用。

二、转移性支出

转移性支出直接表现为资金的无偿的、单方面的转移，政府不能从中获取相应的物品和服务。转移性支出是政府调节收入分配的重要手段。它所体现的是政府的非市场性再分配活动。

我国的财政转移性支出主要有：社会保障和就业、社会保险基金支出，返还性支出，财力性转移支付、专项转移支付、政府性基金转移支付、彩票公益金转移支付、预算外转移支出等。

（一）社会保障支出

社会保障支出起始于德国，形成于美国，发展于第二次世界大战以后的市场经济国家。

社会保障支出是转移性支出的重要内容之一。社会保障是市场经济发展的产物，是经济社会稳定的"安全网"和"调节阀"。财政用于社会保障方面的开支是社会保障资金的重要组成部分。

1. 社会保障的含义和内容

社会保障是指国家依据一定的法律和法规，在劳动者或全体社会成员因年老、疾病、伤残丧失劳动能力或丧失就业机会以及遇到其他事故而面临生活困难时，向其提供必不可少的基本生活保障和社会服务。

社会保障作为一种经济保障形式，具有以下几个基本特征。

（1）广泛性。社会保障的实施主体是政府，目的是满足全体社会成员的基本生活需要,因此社会保障的受益范围是广泛的,保障的辐射角度也是全方位的。完整的社会保障体系犹如一张安全网,覆盖社会经济生活的各个层次、各个方面。

(2)强制性。虽然社会保障事业惠及每一位社会成员,但每人对社会保障的需求程度和社会保障对不同个人所产生的边际效用高低却各不一样,甚至有很大差别。而且,在经过付出与收益之间比较权衡之后,一些社会成员可能宁愿选择不参与社会保障,这显然不利于社会整体利益。此时,强制参与就是必要的,并且应以法律形式加以确定。

(3)制度上的立法性。社会保障作为政府的社会政策,在为全体社会成员提供保障的同时,也要求全社会共同承担风险,这就牵涉到社会的各个方面,涉及各种社会关系。为了使社会保障具有权威性,正确地调整各阶层、群体以及个人社会保障利益关系,就必须把国家、集体(雇主)、个人(雇员)在社会保障活动中所发生的各种社会关系用法律形式固定下来。

(4)受益程度的约束性。社会保障只涉及基本生存方面的风险,它所直接带来的不是享受,而只是满足基本生活保障的需要。受益程度的约束性是由社会保障的存在前提和基本出发点决定的。由于社会保障的项目、水平及制度的健全与否都受到社会化大生产发展程度的制约,因此,过多过滥的保障项目或受益水平过高会影响效率,也会影响社会成员的劳动积极性,从而不利于公平的兼顾及为社会成员创造相对平等的机会。

2. 社会保障基金的来源

政府举办的社会保障,其资金来源在世界各国并不完全相同,筹集方式各有选择。对社会保障基金的来源,世界上大多数国家实行由政府、企业和个人三方负担的办法。

财政负担即政府在财政预算中安排一部分资金,用于社会保障事业方面的开支,这是社会保障基金中重要的、稳定的来源。由于财政负担来自一般税收,一些国家还征收社会保障税,从而使财政负担与税收关系更直接,体现了个人负担的特点。

作为政府的社会义务,财政负担社会保障资金是政府职能的重要体现,它对稳定社会保障给付和弥补赤字等作用是明显的。

企业（雇主）缴纳社会保障费，是社会保障基金的又一重要来源。劳动者为某一企业提供了劳动力，创造了社会财富，因此，雇用的企业单位有义务为其缴纳社会保障费，这些费用可以列入企业经营成本。

个人负担一部分社会保障费（特别是社会保险）是必要的。它有助于减少个人收入之间的差距，收入高的多交一些，收入低的少交一些，发挥了社会保障的调节作用。个人负担也可以促使人们关心社会保障事业，减轻国家和企业的负担。

（二）财政补贴

财政补贴是一国政府根据一定时期政治经济形势及制定的方针政策，为达到特定的目的，对指定的事项由财政安排的专项资金补助支出。这是用公共财政资金直接资助企业或居民的一种国民收入再分配形式。

财政补贴包括的范围大体有以下几种：为达到某种政策目的而对某些部分、地区和企业进行的亏损补贴；为支持出口，弥补国内外价格差异，扩大对外贸易而进行的外贸补贴；向农民收购粮食、食油超过规定任务而支付的超购加价款；为稳定市场、安定人民生活而对使用提价的原材料、燃料的企业和居民给予的补贴，或在适当提高销售与收费标准价格后给予职工和居民的补贴等。

（三）政府财政转移支付

政府间的转移支付，一般是上一级政府对下级政府的补助，主要是为了平衡各地区由于地理环境不同或经济发展水平不同而产生的政府收入的差距，以保证各地区的政府能够有效地按照国家统一的标准为社会提供服务。这是各级政府之间为解决财政失衡而通过一定的形式和途径转移财政资金的活动，是政府财政资金的单方面的无偿转移，体现的是非市场性的分配关系。

政府间的转移支付主要有一般性转移支付和专项转移支付等形式。一般性转移支付，主要是对下级政府的财力补助，不指定用途，由接受拨款的政府自主安排使用，目的是弥补财政实力薄弱地区的财力缺口，均衡地区间财力差距，实现地区间公共服务能力的均等化。专项转移支付，即为实现某种特定的政策经济目标或专项任务，由上级财政提供的专项补助。

第四章 税收理论与税收制度

中国特色社会主义进入新时代，我国社会主要矛盾也随之发生转化，经济社会的发展将面临新形势新问题新挑战，这也是我国税收制度发生重大变化的关键阶段。税收作为治国理政的重要抓手，在新时代背景下构建和完善现代税收制度应当坚持新的目标导向和问题导向，着力解决发展不平衡不充分问题。在此基础上，现代税收制度应该从全面落实税收法定、更好地支持实体经济发展、健全地方税体系、加强调节收入分配的作用、推进绿色发展以及实现征管现代化等六个方面作出进一步的调整和改革。

第一节 税收的基本理论

一、税收的概念

税收是国家为了满足社会公共需要，凭借政治权力，按照法定标准，向居民和经济组织强制、无偿地征收而取得的一种财政收入。

对税收的概念，具体可以从以下几个方面进行分析和理解。

（一）税收是国家财政收入的一种形式

国家财政收入可以有多种形式，除税收外，还有债务收入、规费收入、国有企业上缴利润和发行货币收入等。国家通过征税取得收入，一是不会凭空扩大社会购买力从而引起通货膨胀；二是政府不负担任何偿还责任，也不必为此付出任何代价，不会给政府带来额外负担；三是税收是一种强制征收，国家可以制定法律向其行政权力管辖范围内的个人和经济组织课征一定数额的税款，可以为国家财政支出提供资金来源。因此，税收是国家财政收入的主要形式。

（二）税收分配的目的是满足社会公共需要

执行公共事务，满足社会公共需要是国家的主要职能，包括提供和平安定的社会环境、保持良好的社会秩序、兴建公共工程、举办公共事业等。这些均是社会生产和人民生活所不可缺少的外部条件，税收分配的目的正是满足这些社会公共需要。国家在履行其公共职能的过程中必须要有相应的人力和物力消耗，形成一定的支出。但是，国家本身通常不直接占有生产资料，也不直接从事生产劳动，因此，这些支出只能靠税收的形式最终由居民和经济组织来负担。

（三）国家征税的依据是政治权力

行使征税权的主体是国家。国家一般具有双重身份，它既是社会公共品的提供者，又是公共财产的所有者。因此，国家能够凭借政治权力和财产所有权取得财政收入。在财产归属国家所有的前提下，国家对其拥有的财产凭借所有权取得财产收益，如国有企业上缴利润。国家凭借行政管理权，可以对其行政权力管辖范围内的个人和经济组织征税，以满足社会公共需要。

（四）税收必须符合法定标准

税收是国家为了满足社会公共需要而向居民和经济组织征收的财政收入。税收只有按照法定标准，通过法律形式，才能使社会成员在纳税上得到统一。由于征税会使国家与纳税人之间发生利益冲突，因此，国家只有运用法律，才能把税收秩序有效地建立起来，才能保证及时、足额地取得税收。

二、税收的特征

税收的特征是税收的基本标志，是不同的社会形态下税收所具有的共性，是税收与其他财政收入的重要区别。税收与其他财政收入方式相比，具有强制性、无偿性和固定性三大特征，也就是人们通常说的"税收三性"。

（一）税收的强制性

税收的强制性是指国家凭借政治权力，以法律形式确定征纳双方的权利义务关系。税收的强制性包括两层含义：

第一，税收分配关系是一种国家和社会成员必须遵守的权利义务关系。国家履行了公共职能，提供了社会成员共同需要的生活和生产条件，以维持社会的发展和社会再生产的正常进行，享受或消费国家提供的公共产品是每一个社会成员的平等权利。作为这种权利的对应，就是每一个社会成员都有义务向国家缴纳一部分社会产品，分担一部分社会费用。社会成员承担公共需要的社会费用只能通过由国家规定社会成员义务缴纳的办法来解决。所以，征税是国家的权利，纳税是每一个社会成员应尽的义务。

第二，国家借助税法来保证税收征收的实现。就征税者而言，法律规范是国家征税权的后盾，当出现税务违法行为时，国家就可以依法进行制裁。就纳税人而言，一方面要依法纳税，另一方面纳税人的合法权益将得到法律的保护。税收征收的强制性以其分配关系的强制性为基础，没有税收分配关系的强制性，也就不存在以税法为表现形式的强制性。

（二）税收的无偿性

税收的无偿性是指国家征税以后，税款即归国家所有，既不需要直接归还纳税人，也不需要向纳税人支付报酬或代价。

税收的无偿性是由社会费用补偿的性质决定的。公共需要的设施和服务大多是社会成员共享的，社会成员从中得到的利益无法直接计量，这就决定了国家对社会成员提供的公共服务只能是无偿的。相应地，国家要筹集满足公共需要的社会费用，也只能采取无偿的形式。

税收无偿性的特征是针对具体纳税人而言的。也就是说，国家征税不是与纳税人进行利益的等量交换，国家不需要对某个纳税人提供相应服务或给予其某种特许权利，而是纳税人无偿向国家纳税。税款缴纳之后即转归国家所有，不再直接归还某个纳税人，是一种所有权的单方面转移。但从国家与全体纳税人的一般性利益关系来看，国家在履行其职能过程中为全体纳税人提供了和平安定的环境、良好的社会秩序和便利的公共设施等各种服务，由社会全体成员共同享用，从这个意义上讲，税收又具有整体有偿的特点，即税收是国家对全体纳税人的一般利益的返还，而不是对某个纳税人直接、个别利益的返还。

(三)税收的固定性

税收的固定性是指国家通过法律形式预先规定了征税对象和征税标准。征税对象和征税标准确定以后,征纳双方要共同遵守,不能随意变动。

税收的固定性包括两层含义:

第一,税法具有相对稳定性。税法一经公布实施,征纳双方要共同遵守。纳税人只要取得了应税收入、发生了应税行为或者拥有了应税财产,就必须按照预定标准如数缴纳税款。同样,国家对纳税人只能按预定的标准征税,不能任意降低或提高预定的征收标准,并且,作为征税主体的国家有义务保证税法在一定时期内相对稳定,不能朝令夕改。

第二,税收的征收数量具有有限性。国家税款不能随意征收,征税对象与税款数额之间的数量关系是有一定限度的。在无偿性、强制性存在的前提下,税收只能按照事先规定的、国家与纳税人在经济上都能接受的标准有限度地征收。

对税收固定性的理解不能绝对化,随着国家政治、经济形势的发展变化,征税的对象、范围和征收标准不可能是固定不变的。不过,税收制度的改革和调整必须通过一定的法律程序,以法律、法规的形式予以确定。新的税收制度应在一定时期内稳定不变。

税收的三个特征是一个统一的整体,三者既有各自的内涵,又互相联系、互相依赖。税收的无偿性必然要求征税方式的强制性,税收的强制性是其无偿性和固定性得以实现的保证,国家财政的固定需要决定了税收必须具有固定性,税收的固定性也是税收的强制性的必然结果。

第二节 税收负担与税收效应

一、税收负担

(一)税收负担的概念与衡量

税收负担是指政府征税减少了纳税人的直接经济利益,从而使其承受的经济负担。它反映了一定时期内因税收行为导致的政府和纳税人之间社会收入分配的数量关系,通常用税收负担率这个指标来衡量。税收负担可以从微观和宏观两个层面上进行度量。

微观税收负担是指纳税个体所承受的税收负担。其度量指标有企业税收负担率和个人税收负担率。

企业税收负担率是指一定时期内企业缴纳的各种税收占同期企业纯收入总额的比例。公式表示如下:

$$企业税收负担率=\frac{一定时期内企业实缴各税总额}{一定时期内企业纯收入总额}\times100\% \quad (4-1)$$

企业税收负担率表明了政府以税收方式参与企业纯收入分配的规模,反映企业的综合税收负担状况,也可用来比较不同类型企业的税收负担水平。

个人税收负担率是指个人缴纳的各种税收的总和占个人收入总额的比例。公式表示如下:

$$个人税收负担率=\frac{一定时期内个人实缴各税总额}{一定时期内个人收入总额}\times100\% \quad (4-2)$$

微观税收负担的制约因素很多,客观因素主要包括宏观税收负担水平、收入分配体制和税制结构等。

宏观税收负担是指纳税人总体所承受的税收负担,可以看作整个国家经济的税收负担。目前,我国度量宏观税收负担的指标是国内生产总值税收负担率。计算公式如下:

$$国内生产总值税收负担率=\frac{一定时期的税收总额}{一定时期的国内生产总值}\times100\% \quad (4-3)$$

尽管制约宏观税收负担水平高低的因素极为复杂,但通过观察和分析,有以下几个普遍的主要因素:经济发展水平、经济结构、经济体制、政府职能范围等。

(二)税收负担与经济发展之间的关系

税收负担水平是根据税制确定的。无论是单个税种,还是整个税收体系,都既关系到宏观税收负担,又关系到微观税收负担。由于宏观税收负担水平是微观税收负担水平的重要决定因素,因此,在此主要研究宏观税收负担水平的确定问题。

从宏观上看，税收是政府为了满足社会公共需要而集中的一部分 GDP。在 GDP 一定的条件下，国家税收增加与民间部门可支配收入此消彼长。宏观税收负担率过低，政府可供支配的收入过少，就不能满足社会公共需要；若是宏观税收负担率过高，不仅民间部门可供支配的收入过少，不能有效满足私人需要，而且还会影响民间部门资本和劳动的投入，使之后的产出减少进而最终减少税收收入。因此，要考虑确定一个合适的宏观税收负担率，使 GDP 在政府和民间部门之间有一个最优分割点，而最优宏观税收负担率（以下简称最优税率）就是其具体体现。

在市场经济下，最优税率的确定要考虑以下几个问题：一是必须保证生产过程中的物质消耗得到补偿，也就是说税收不能侵蚀税本；二是必须保证劳动者的必要生活费用得到满足，也就是说税收不能侵蚀劳动者的生活费用；三是必须保证政府行使职能的最低物质需要，也就是说税收要能维持政府行使职能所需费用。前两者构成了宏观税收负担水平的最高限制，最后一点则构成了宏观税收负担水平的最低限制。最优税率应该在两者之间，并根据当时的社会经济发展目标和具体国情综合确定，同时根据实践情况做调整。

（三）税收负担分类

税收负担体现了政府与纳税人之间以及不同纳税人之间的经济利益分配关系。采用不同的标准，可以对"税收负担"进行不同的分类。

1. 名义负担与实际负担

按照纳税人承担负担的度量不同，税收负担可以分为名义负担和实际负担。

名义负担指的是纳税人按照税法的规定所应承担的税收负担，具体表现为按法定税率和计税依据计算出的纳税人应承担的税款总额。实际负担是指纳税人实际缴纳的税款所形成的税收负担。名义负担与实际负担往往存在背离的情况，一般是后者低于前者，究其原因，主要是存在减免税等税收优惠政策，以及税收征管不完善等导致的征税不足。和名义税负相比，实际负担更能体现经济活动主体实际承担税负的水平，经济主体对税负水平的判断和行为反应也主要是基于实际税负而不是基于名义税负。

2. 直接负担与间接负担

按照税收负担是否由纳税人实际承担，税收负担可以分为直接负担与间接负担。直接负担是指纳税人直接向政府缴税而负担的税收。现实生活当中很多情形下，纳税人虽然按照规定向政府缴纳了税款，但是并不意味着该纳税人就全部承担了该税收负担。纳税人在缴纳税款后往往会通过各种方式或途径将其缴纳的全部或部分税款转嫁给其他人承担。被转嫁者名义上虽然没有直接向政府缴纳税款，但是却真真实实地负担了一部分税款，这种税收负担就被称为间接负担。只要存在税负转嫁，就会存在间接负担。区别直接负担和间接负担，可以准确反映在既定宏观税收负担水平下真实税收负担的最终分布结构，客观描绘税收对收入分配的最终影响。

3. 宏观负担与微观负担

按照税收负担的考察层次不同，税收负担可以分为宏观负担与微观负担。

宏观负担是指一个国家或地区一定时期内税收收入总额在国民经济总量中所占的比重。衡量宏观负担大小一般不用绝对指标，而用相对指标，通常用国民生产总值或国内生产总值税收负担率来表示。它是一个国家或地区在一定时期内总体税收负担状况的综合反映。研究宏观负担，既可以横向比较国家之间的税负水平，也可以纵向分析一国的税收收入与经济发展之间的相关关系。所谓微观负担，是指微观经济主体或某一征税对象的税负水平，可以选择个人所得税负担率或商品劳务税负担率等来表示。研究微观负担，便于分析企业之间、行业之间、产品之间的税负差异，为制定合理的税收政策和加强税收征管提供决策依据。

此外，为筹集相同的税收收入，采用不同税种、不同课税环节、不同课税方式，其税收显著不同，也会给纳税人带来不一样的主观税负感觉。所以，在实际征管实践中，还存在主观税负与客观税负的区别。

二、税收效应

税收效应是指纳税人因国家课税而在其经济行为方面做出的反应，从另一个角度说，是指国家课税对消费者选择以及生产者决策的影响，也就是通常所说的税收的调节作用。对投资者,生产者和经营者来说,税收如同工资和机器设备一样是生产经营时必须付出的成本,因为税收是政府无偿强制性征收的。因此,政府对投资和生产经营活动是全部征税还是部分征税,征税是采用无差别税率还是差别税率,对企业的税后净利润会产生截然不同的影响。企业是市场经济中自主经营、自负盈亏的微观主体,有追求自身利润最大化的内在动力,同时也面临激烈竞争的外在压力。在动力和压力的作用下,政府课税必然会引起企业在经济行为方面的反应,这种反应就是税收对投资或生产经营活动产生的效应。不仅如此,税收也会对消费者的选择产生影响。政府对消费品的课税必然会影响消费品价格的高低,以及消费品之间的价格比,消费者从追求效用最大化角度出发,在调整消费结构时,必然对政府的不同征税情况做出相应的消费和储蓄决策,这同样产生了税收效应。

与税收效应相对的一个概念是税收中性。长期以来,理论界一直有这样一种说法:税收应保持中性,即税收不干扰市场对资源配置的基础性作用,或者不对消费者的选择和生产者的决策产生干扰,这被称为税收中性原则。但税收中性只是一种理论上的理想状态,在现实中是不存在的。由于政府征税是将一部分经济资源从私人部门向政府部门的转移,因此,总会对纳税人的经济行为产生影响。换句话说,税收是"非中性"的(税收非中性并不是说政府可以任意对经济运行进行调节,而应是注重市场机制前提下的政府调节)。对税收"非中性"的分析实际上就是对税收效应的分析。

税收效应在理论上一般分为收入效应与替代效应两个方面。收入效应是税收将纳税人的一部分收入转移到政府手中,使纳税人的可支配收入减少,导致降低商品购买量和消费水平。

替代效应是对纳税人在商品购买方面的影响,表现为当政府对不同的商品实行征税或不征税、重税或轻税的区别对待时,会影响商品的相对价格,使纳税人减少对征税或重税商品的购买量而增加对无税或轻税商品的购买量,即以无税或轻税商品替代征税或重税商品。在实际分析中,根据需要可以从收入效应和替代效应两个方面分析税收对纳税人的储蓄效应、投资效应和消费效应等。

（一）税收的收入效应和替代效应

1. 税收的收入效应

税收的收入效应是指因为政府征税改变纳税人的总体收入水平，并对纳税人或负税人的经济行为选择所产生的影响。一般来说，政府开征一种税或提高税率，必然会拿走纳税人的一部分收入，使其境况变差，并因此使纳税人表现出与纳税前不同的行为。例如，对消费品征税推动物价水平上涨，消费者必然或多或少会减少对这种消费品的购买量。又如，提高个人所得税的税收负担，会促使部分人为弥补税后收入下降，而减少闲暇或推迟退休。收入效应的大小，取决于纳税人应缴纳的税金占总收入的比例，即由平均税率水平决定。

2. 税收的替代效应

税收的替代效应指政府实行选择性征税而对人们的经济行为产生的影响。也就是说，税收替代效应产生的条件与收入效应不同，它不是所有的经济活动均被征税或按统一比例征税，而是在政府实行差别税收待遇，在对有些项目征税、有些项目不征税，有的项目征高税、有的征低税的情况下，纳税人用非应税活动代替征税活动，用低税活动代替高税活动的一种行为选择。

收入效应和替代效应之和构成了税收对微观经济主体的总效应。收入效应与替代效应的作用方向可以相同，也可以相反。比如，商品税收入效应促使人们减少消费，替代效应也是如此，它们的效应是一致的；个人所得税的收入效应激励人们更多的工作，而替代效应则削弱这种激励，它们的效应方向正好相反。

（二）税收对私人储蓄的影响

增加储蓄和投资是加速资本积累和促进经济增长的前提。为了鼓励储蓄，刺激投资，当今西方国家普遍实行储蓄免税、投资税收优惠以及加速折旧等措施，以推动经济发展。

私人储蓄是制约私人投资及经济发展的重要因素。税收对私人储蓄的效应是通过税收对个人可支配的收入和税后利息的影响来实现的，实际上也是通过税收对储蓄的收入效应和替代效应来实现的。税收对纳税人储蓄的收入效应表现为政府课税后减少了纳税人的可支配收入，为维持原有的储蓄水平必须减少现期消费，从而相对提高储蓄在个人收入中的比重。也就是说，政府课税反而相对提高了私人的储蓄。税收对纳税人私人储蓄的替代效应，是指政府课税影响了纳税人近期消费与未来消费的相对成本，从而改变其选择。如政府对纳税人的储蓄收益（利息）征税，就会减少纳税人的储蓄，以现期的消费替代未来消费。

（三）税收对劳动力供给的影响

劳动供给的增加，将会导致整个社会经济效益的提高；反之，则会导致经济效益的下降。一个社会的劳动供给取决于人口规模和个人的平均工作量。税收对劳动供给的影响主要表现在个人所得税上。因此，谈税收与劳动供给的效应主要是分析个人所得税对劳动投入的影响。现代福利经济学认为，个人福利水平的提高不仅在于个人收入水平绝对提高产生的物质享受的增加，而且在于通过闲暇的增加，获得个人更多的精神享受和身心全面、健康的发展。由于个人所得税是对个人劳动所得的征税，它必然减少个人提供劳动所获得的纯收益，因此，可以预期个人所得税的征税行为必然影响个人劳动供给的决策。个人所得税对劳动供给的收入效应，是指政府征税后减少了个人可支配的收入，从而促使其为维持既定的生活水平而增加工作时间。对劳动供给的替代效应，是指征税改变了劳动和闲暇的相对价格，引起个人用闲暇替代工作。由于不同的个人其收入水平不同，对收入的需求弹性不同，因此，个人所得税的效应对不同的个人具有不同的表现。一般在收入水平较低时，纳税人的需求弹性小，收入的边际效应较大，税收产生的收入效应较大，即征税结果会促使劳动的更多投入。在收入水平较高时，收入的需求弹性大，收入的边际效用较小，税收产生的替代效应就较大。尤其是高边际税率的个人所得税会产生更大的替代效应。

（四）税收对私人投资的影响

在西方经济学中，投资来源于储蓄，但投资不等于储蓄，因为进行储蓄和进行投资分别属于两类不同的主体，一定的储蓄不一定会全部转化为投资。而且影响储蓄和影响投资的税种也不尽相同，前者主要是利息所得税，包括对利息征收的个人所得税；后者主要是公司所得税。

公司所得税影响投资，主要是通过边际税率和折旧率影响税后投资收益和投资成本来发生作用的。对资本需求来说，提高税率将增加投资成本，使资本的需求减少；对资本供给来说，提高税率将降低资本收益，使资本的供给减少。投资收益和投资成本的反向变化，必然使纳税人的投资行为产生替代效应，即由于投资收益率下降,降低了投资对纳税人的吸引力,造成纳税人减少投资以增加消费。

(五)税收对消费的影响

由于消费同收入、商品价格密切相关,因此,税收对消费的影响,是通过商品税和所得税对商品价格和可支配收入的影响实现的。

1. 商品税与消费

商品税是对商品销售行为的课税,它既可以选择对厂商课税,也可以选择对消费者课税。当然,不管在什么环节或对什么对象征税,都会引起商品价格上涨,从而减少消费者的购买能力。从经济原理分析,消费行为既是收入函数,也是价格函数,二者都会对消费产生影响。而对于不同的两个和两个以上的商品而言,是否征税以及税率的高低,在税收上会表现为替代效应。对消费者来说,在同样的条件下,肯定偏向于选择税率低的消费品,因为这样消费者支付的费用要低,这是税收通过价格因素对消费行为影响的一个方面。

2. 所得税与消费

所得税对消费的直接影响表现在征税行为减少消费者的实际可支配收入,导致纳税人消费能力的降低,从而降低消费者的消费水平。

第三节 税收体系与税收管理制度

税收是为了适应人类社会经济发展需要而进行的一种特殊的经济活动,也是市场经济条件下政府发挥其经济职能的一个重要杠杆。因此,现代各国政府均要遵循一定的政策原则,妥善建立自己的税收制度。税收制度的建设通常涉及选择主体税种,制定税收法规,确定税收征管程序与方法,以及与此相关的各种重大活动。所以,税收制度既可以视为国家按照经济发展水平与国内政治力量对比、演进形成的既定的税收体系,也可以视为相对稳定的各种税收法规和征管办法的总和。

现代各国税收制度都不是固定不变的,其变化主要包括两个方面:一是各个税种的自身变化，一些旧的税种消亡了，随之一些新的税种产生并发展起来；二是国家税收制度为适应变化了的经济形势而进行的各种改革，一些旧的法规、程序、征管手段被废除，取而代之的则是一些更合理的法规、程序，更先进的征管手段等。两个方面的变化相互影响、相互作用，以使政府能够及时通过税收制度的调整来达到其调节社会经济的目的。

一、我国现行税收体系

我国现行税收体系是1994年建立起来的，是以流转税和所得税为双主体、其他税种相配合的复合税制体系。2016年全面完成"营改增"以后，目前共开征18个税种。

目前我国税种按照性质和作用可以大致分为以下几类：

（1）流转税（商品税）类。包括增值税、消费税、关税、城市维护建设税和车辆购置税。主要是指在商品流通过程中以流转额为征税对象的税种。

（2）所得税类。包括企业所得税、个人所得税、土地增值税，主要是在国民收入形成后，对生产经营者的利润和个人的纯收入征收。

（3）财产税类。主要有房产税、城镇土地使用税和契税，主要是对纳税人拥有和使用的财产征收。

行为税和其他税种包括印花税、车船税、耕地占用税、资源税、船舶吨税、烟叶税和环境税。

2022年全国税收总收入完成166614亿元，其中：国内增值税收入占税收总收入的比重为29.24%；国内消费税收入占税收总收入的比重为10.02%；进口税收收入占税收总收入的比重为13.72%；企业所得税收入占税收总收入的比重为26.22%；个人所得税收入占税收总收入的比重为8.96%；其他税收占税收收入的比重为11.84%。

二、税收管理制度

税收管理体制是中央与地方以及地方各级政府之间在税收管理权限划分、税收收入分配和税收管理机构设置方面的一种制度，涉及中央和地方以及地方各级政府之间的权限和利益关系。

国家为履行职能，需要有相应的收入，作为履行职能的财力来源和财力保证。但是，由于国家是由中央和地方各级政府组成，因此，国家税收又必须按一定的标准和方法在中央和地方各级政府之间划分。我国现行税收收入划分采取分税制的方法，即按税种来划分中央和地方的收入。具体政策措施如下。

1994年，我国实行了分税制改革，按税收管辖和支配权把税收划分为中央税、地方税、中央和地方共享税三类。2002年，调整所得税中央与地方分享比例，2016年调整增值税中央与地方为"五五分享"，并将印花税全部调整为中央收入。

1. 中央税

属于中央税的税种主要有消费税、车辆购置税、关税、证券交易印花税、船舶吨税和海关代征的增值税等。

2. 地方税

属于地方税的税种主要有城镇土地使用税、房产税、耕地占用税、土地增值税、车船税等。

3. 中央和地方共享税

属于中央和地方共享税的税种主要有以下几类：

（1）国内增值税（不包括海关代征的部分）。中央政府分享50%，地方政府分享50%。

（2）企业所得税。2002年实施所得税收入分享改革后，企业所得税由中央和地方按60：40比例分享。

（3）个人所得税。自2003年起，中央政府分享60%，地方政府分享40%。

第五章　税收的分类与税种

第一节　流转税

一、流转税概述

（一）流转税的定义

流转税又称流转课税、流通税，指以纳税人商品生产、流通环节的流转额或者数量以及非商品交易的营业额为征税对象的一类税收。流转税是商品生产和商品交易的产物，各种流转税（如增值税、消费税、关税）是政府财政收入的重要来源。流转税的作用包括：①广泛筹集财政资金。②能够保证国家及时稳定地取得财政收入。③配合价格调节生产和消费。

（二）流转税的特点

第一，以商品生产、交易和提供商业性劳务为征税前提，征税范围较为广泛，既包括第一产业和第二产业的产品销售收入，也包括第三产业的营业收入；既对国内商品征税，也对进出口的商品征税，征税源比较充足。

第二，以商品的销售额和劳务的营业收入作为计税依据，一般不受生产、经营成本和费用变化的影响，可以保证国家及时、稳定、可靠地取得征税类项财政收入。

第三，一般具有间接税的性质，特别是在从价征税的情况下，税收与价格密切相关，便于国家通过征税体现产业政策和消费政策。

第四，同有些税类相比，流转税在计算征收上较为简便易行，也容易为纳税人所接受。

二、增值税

（一）增值税的概念

增值税是对在我国境内销售货物，销售服务、无形资产或者不动产、进口货物的企业单位和个人，就其销售货物、劳务、服务、无形资产或者不动产的增值额和进口货物金额为计税依据而课征的一种流转税。增值税法是指国家制定的用以调整增值税征收与缴纳之间权利及义务关系的法律规范。从计税原理而言，增值税是对商品生产和流通中各环节的新增或商品附加值进行征税，所以称之为增值税。增值税应纳税额的计算方式：

小规模纳税人发生应税销售行为，适用简易计税方法，并不得抵扣进项税额。

$$应纳税额 = 销售额 \times 征收率 \qquad (5-1)$$

一般纳税人的应纳税额为当期销项税额抵扣当期进项税额后的余额。

$$应纳税额 = 当期销项税额 - 当期进项税额 \qquad (5-2)$$

（二）增值税的类型

增值税按对外购买固定资产处理方式的不同，可划分为生产型增值税、收入型增值税和消费型增值税。

1. 生产型增值税

生产型增值税是指计算增值税时，不允许扣除任何外购固定资产的价款，作为课税基数的法定增值额除包括纳税人新创造价值外，还包括当期计入成本的外购固定资产价款部分，即法定增值额相当于当期工资、利息、租金、利润等理论增值额和折旧额之和。从整个国民经济来看，这一课税基数大体相当于国民生产总值的统计口径，所以称为生产型增值税。

此种类型的增值税法定增值额大于理论增值额，对固定资产存在重复征税。这种类型的增值税虽然不利于鼓励投资，却可以保证财政收入。

2. 收入型增值税

收入型增值税是指计算增值税时，对外购固定资产价款只允许扣除当期计入产品价值的折旧费部分，作为课税基数的法定增值额相当于当期工资、利息、租金和利润等各增值项目之和。从整个国民经济来看，这一课税基数相当于国民收入部分，故称为收入型增值税。

此种类型的增值税法定增值额与理论增值额一致，从理论上讲是一种标准的增值税，但由于外购固定资产价款是以计提折旧的方式分期转入产品价值的，且转入部分没有合法的外购凭证，故给凭发票扣税的计算方法带来困难，从而影响了这种方法的广泛采用。

3. 消费型增值税

消费型增值税是指计算增值税时，允许将当期购入的固定资产价款一次全部扣除，作为课税基数的法定增值额相当于纳税人当期的全部销售额扣除外购的全部生产资料价款后的余额。从整个国民经济来看，这一课税基数仅限于消费资料价值的部分，故称为消费型增值税。

这种方法最适合规范凭发票扣税的计算方法，因为凭固定资产的外购发票可以一次性将其已纳税款全部扣除，既便于操作，也便于管理，所以是三种类型中最先进、最能体现增值税优越性的类型。

（三）我国增值税的发展趋势

我国 1994 年 1 月 1 日实施的增值税采用的是生产型增值税，2009 年 1 月 1 日起我国开始实施消费型增值税。

为进一步解决货物和劳务税制中的重复征税问题，完善税收制度，支持现代服务业发展，国务院常务会议决定，从 2012 年 1 月 1 日起，在部分地区和行业开展深化增值税制度改革试点，逐步将征收营业税的行业改为征收增值税。自 2016 年 5 月 1 日起，在全国范围内全面推开营业税改征增值税试点。将范围扩大到建筑业、房地产业、金融业、生活服务业，并将所有企业新增不动产所含增值税纳入抵扣范围。自 2019 年 4 月 1 日起，我国开始执行调整后的增值税税率。

（四）增值税的征税范围

1. 销售或者进口的货物

货物是指有形动产，包括电力、热力、气体在内。

2. 提供的加工、修理修配劳务

加工是指受托加工货物，即委托方提供原料及主要材料，受托方按照委托方的要求，制造货物并收取加工费的业务；修理修配是指受托对损伤和丧失功能的货物进行修复，使其恢复原状和功能的业务。

在中华人民共和国境内（以下简称境内）销售货物或者提供加工、修理修配劳务，是指销售货物的起运地或者所在地在境内，提供的应税劳务发生在境内。

3. 销售服务、无形资产或者不动产

销售服务、无形资产或者不动产，是指有偿提供服务、有偿转让无形资产或者不动产，但部分非经营活动的情形除外。

三、消费税

（一）消费税的概念

消费税是对特定的某些消费品和消费行为征收的一种税，是国际上普遍征收的一种税。消费税法是国家制定的调整消费税征收与纳税人权利和义务的法律规范。我国消费税立法的宗旨是调节消费结构，正确引导消费方向，保证财政收入。

（二）消费税的特点

消费税具有以下几个特点。

第一，征收范围具有选择性。消费税只是针对一部分消费品和消费行为征收，而不是对所有的消费品和消费行为征收。

第二，征收环节具有单一性。消费税只是在消费品生产、流通或消费的某一环节一次征收，而不是在消费品生产、流通和消费的每一个环节征收。

第三，征收方法具有灵活性。消费税可以根据每一课税对象的不同特点，选择不同的征收方法。既可以采取对消费品指定单位税额依消费品的数量实行从量定额的征收方法，也可以采取对消费品或消费行为制定比例税率依消费品或消费行为的价格从价定率的征收方法，还可以采取对消费品或消费行为制定既依数量实行从量定额征收又依价格实行从价定率征收的方法。

第四，税率、税额具有差别性。消费税可以根据消费品的不同种类、档次（豪华程度、结构性能）或者消费品中某一物质成分的含量，以及消费品的市场供求状况、价格水平、国家的产业政策和消费政策等情况，对消费品制定高低不同的税率、税额。

第五，税负具有转嫁性。无论消费税是在哪个环节征收，也无论是实行价内征收还是价外征收，消费品中所含的消费税会转嫁到消费者身上。

（三）消费税的纳税义务人

根据《中华人民共和国消费税暂行条例》的规定，在中华人民共和国境内生产、委托加工和进口条例规定的消费品的单位和个人，以及国务院确定的销售条例规定的消费品的其他单位和个人，为消费税的纳税人。单位是指企业、行政单位、事业单位、军事单位、社会团体及其他单位。个人，是指个体工商户及其他个人。在中华人民共和国境内是指生产、委托加工和进口属于应当缴纳消费税的消费品（以下简称应税消费品）的起运地或者所在地在境内。销售是指有偿转让应税消费品的所有权。有偿是指从购买方取得货币、货物或者其他经济利益。

四、城市维护建设税

（一）城市维护建设税的概念

城市维护建设税是对缴纳增值税、消费税的单位和个人，按其实际缴纳的增值税和消费税税额的一定比例征收，专门用于城市维护建设的一种税。

建设维护建设税属于特定目的税，是国家为加强城市的维护建设、扩大和稳定城市维护建设资金的来源而采取的一项税收措施。

（二）城市维护建设税的特点

1. 属于一种附加税

城市维护建设税以纳税人实际缴纳的增值税、消费税税额为计税依据，随增值税和消费税同时征收，没有特定的课税对象，其征管方法也完全比照增值税和消费税的有关规定办理。

2. 专款专用

在通常情况下，税收收入都直接纳入国家预算，由中央和地方政府根据需要，统一安排使用到国家建设和事业发展的各个方面，税法并不规定各个税种收入的具体使用范围和方向。但是，城市维护建设税的税款被要求用于城市公共设施和公用事业的建设及维护。

3. 根据所处区域设计不同的比例税率

城市维护建设税的负担水平，不是依据纳税人获取的利润水平或经营特点确定，而是根据纳税人所在区域设计的，市区的税率高于非市区的税率。

4. 征税范围较广

城市维护建设税以增值税、消费税的税额作为税基，而增值税、消费税是对商品和劳务征收，它们的征税范围包括我国境内所有经营的单位和个人。因此，除了减免税等特殊情况以外，任何从事生产、经营活动的企业单位和个人都要缴纳城市维护建设税。

五、车辆购置税

（一）车辆购置税的概念

车辆购置税是以在中国境内购置规定的车辆为课税对象、在特定的环节向车辆购置者征收的一种税。在中华人民共和国境内购置汽车、有轨电车、汽车挂车、排气量超过150毫升的摩托车（以下统称应税车辆）的单位和个人，为车辆购置税的纳税人。购置，是指以购买、进口、自产、受赠、获奖或者其他方式取得并自用应税车辆的行为。

（二）车辆购置税的特点

车辆购置税除了具有税收的共同特点外，还有其自身独立的特点。

1. 征收范围单一

车辆购置税以购置的特定车辆为课税对象，征收范围较窄。

2. 征收环节单一

车辆购置税实行一次课征制，它不是在生产、经营和消费的每一环节均征收，只是在退出流通领域进入消费领域的特定环节征收。

3. 税率单一

车辆购置税均按统一的比例税率征收，税率具有不随课税对象数额变动的特点，因而计征简便、税负稳定。

4. 征收方法单一

车辆购置税根据纳税人购置应税车辆的计税价格实行从价计征，以价格为计税标准，课税与价值直接发生关系，价值高者多征税，价值低者少征税。

5. 征税具有特定目的

车辆购置税具有专门用途，由中央财政根据国家交通建设投资计划进行统筹安排。

6. 价外征收，税负不易转嫁

车辆购置税的计税依据中不包含车辆购置税税额，车辆购置税税额是附加在价格之外的，且纳税人就是负税人，税负不易转嫁。

（三）车辆购置税的征税范围

车辆购置税以列举的车辆为征税对象，未列举的车辆不纳税。其征税范围包括汽车、有轨电车、汽车挂车和排气量超过150毫升的摩托车。具体规定如下。

1. 汽车

包括各类汽车、农用运输车、电车中的无轨电车。

2. 有轨电车

是指以电能为动力，在轨道上行驶的公共车辆。

3. 摩托车

包括轻便摩托车、二轮摩托车、三轮摩托车。

4. 汽车挂车

分为全挂车和半挂车。全挂车是无动力设备，独立承载，由牵引车辆牵引行驶的车辆；半挂车是无动力设备，与牵引车共同承载，由牵引车辆牵引行驶的车辆。

六、关税

（一）关税的概念

关税是海关依法对进出境货物、物品征收的一种税。所谓"境"指关境，又称"海关境城"或"关税领域"。在通常情况下，一国关境与国境是一致的，包括国家全部的领土、领海、领空。但当某一国家在国境内设立了自由港、自由贸易区等，这些领域就进出口关税而言处在关境之外，这时，该国家的关境小于国境，如我国。根据《中华人民共和国香港特别行政区基本法》和《中华人民共和国澳门特别行政区基本法》，我国香港地区和澳门地区保持自由港地位，为我国单独的关税地区，即单独关境区。单独关境区是不完全适用于该国海关法律、法规或实施单独海关管理制度的区域。当几个国家结成关税同盟，组成一个共同的关境，实施统一的关税法令和统一的对外税则，这些国家彼此之间货物进出国境不征收关税，此时，这些国家的关境大于国境，如欧盟。

（二）关税的纳税义务人

进口货物的收货人、出口货物的发货人、进出境物品的所有人，是关税的纳税义务人。进出口货物的收、发货人是依法取得对外贸易经营权，并进口或者出口货物的法人或者其他社会团体。进出境物品的所有人包括该物品的所有人和推定为所有人的人。一般情况下，对于携带进境的物品，推定其携带人为所有人；对分离运输的行李，推定相应的进出境旅客为所有人；以邮递或其他运输方式出境的物品，推定其寄件人或托运人为所有人。

行李和邮递物品进口税（以下简称行邮税）是海关对入境旅客的行李物品和个人邮递物品征收的进口税。现行行邮税的税率分为10%、20%、50%三个档次。进口税采用从价计征方式，完税价格由海关参照该项物品的境外正常零售平均价确定。完税价格乘以进口税税率，就是应缴纳的进口税税额。

（三）关税的征税对象

关税的征税对象是准许进出境的贸易性商品和入境旅客随身携带的物品、个人邮递物品、各种运输工具上的服务人员携带进口的自用物品、馈赠物品以及其他方式进境的个人物品。

第二节 所得税

一、所得税概述

（一）所得税的概念

所得税，又称收益税，是指以纳税人的所得额或收益额为课税对象的各种税收的统称。严格意义上来说，所得额是收益额的一种。收益额有纯收益额和总收益额之分，其中纯收益额亦称所得额，是指生产经营活动获得的收入减去相应的成本、费用后的余额；总收益额则是指纳税人的全部收入。所得税法律制度规定的所得额，是指纳税人在一定时期内，由于生产、经营等取得的可用货币计量的收入，扣除为取得这些收入所需各种耗费后的净额。

所得税属于直接税，其纳税人和实际负担人是一致的，可以直接调节纳税人的收入，是现代税收制度中的主体税种。所得税的计算涉及纳税人经济活动的各个方面，因此能促使纳税人建立健全会计和经营管理制度，有利于国家通过征税加强监督管理。

在我国，所得税类主要包括三个税种，分别是企业所得税、个人所得税和土地增值税。

（二）所得税的特点

第一，税负不易转嫁。所得税的课税对象是纳税人的最终收益，纳税人一般就是负税人，能够实现公平分配的目标。

第二，税收中性。所得税的增减变化不会对物价产生直接影响，也不会造成资源配置的扭曲。

第三，税负公平。所得税以所得额为课税对象，征税环节单一，一般不存在重复征税现象，能较好地体现量能负担和公平税负的原则。

第四，税制富有弹性。国家可根据需要灵活调整税负，以适应财政收支变化的需要。

第五，计征复杂，征管难度大。

二、企业所得税

（一）企业所得税的概念

企业所得税是对我国境内的企业和其他取得收入的组织的生产经营所得和其他所得依法征收的一种所得税。

（二）企业所得税的纳税义务人

企业所得税的纳税人是在中华人民共和国境内的企业和其他取得收入的组织。除个人独资企业、合伙企业自然人合伙人、个人独资企业不适用企业所得税法外，凡在中国境内的企业和其他取得收入的组织（以下统称企业）为企业所得税的纳税人。

企业所得税的纳税人分为居民企业和非居民企业。根据国际上通行做法，我国选择了地域管辖权和居民管辖权的双重管辖权标准，最大限度地维护我国的税收利益。

1. 居民企业

居民企业是指依法在我国境内成立，或者依照外国（地区）法律成立但实际管理机构在我国境内的企业。依法在我国境内成立的企业包括企业、事业单位、社会团体以及其他取得收入的组织。依照外国（地区）法律成立的企业，包括企业和其他取得收入的组织。实际管理机构，是指对企业的生产经营、人员、账务、财产等实施实质性全面管理和控制的机构。

2. 非居民企业

非居民企业是指依照外国（地区）法律成立且实际管理机构不在我国境内，但在我国境内设立机构、场所的，或者在中国境内未设立机构、场所，但有来源于中国境内所得的企业。在中国境内从事生产经营活动的机构、场所，包括以下几类。

（1）管理机构、营业机构、办事机构。

（2）工厂、农场、开采自然资源的场所。

（3）提供劳务的场所。

（4）从事建筑、安装、装配、修理、勘探等工程作业的场所。

（5）其他从事生产经营活动的机构、场所。

需要注意的是，非居民企业委托营业代理人在我国境内从事生产经营活动的，包括委托单位或者个人经常代其签订合同，或者储存、交付货物等，该营业代理人视为非居民企业在我国境内设立的机构、场所。

（三）企业所得税的来源确定

企业来源于中国境内、境外的所得，按照以下原则确定所得来源地。

（1）销售货物所得，按照交易活动发生地确定。

（2）提供劳务所得，按照劳务发生地确定。

（3）转让财产所得，不动产转让所得按照不动产所在地确定，动产转让所得按照转让动产的企业或者机构、场所所在地确定，权益性投资资产转让所得按照被投资企业所在地确定。

（4）股息、红利等权益性投资所得，按照分配所得的企业所在地确定。

（5）利息所得、租金所得、特许权使用费所得，按照负担、支付所得的企业或者机构、场所所在地确定，或者按照负担、支付所得的个人的住所地确定。

三、个人所得税

（一）个人所得税的概念

个人所得税是以个人（自然人）取得的各项应税所得为征税对象所征收的一种所得税。我国现行个人所得税的征收范围包括以下九大类个人所得，①工资、薪金所得；②劳务报酬所得；③稿酬所得；④特许权使用费所得；⑤经营所得；⑥利息、股息、红利所得；⑦财产租赁所得；⑧财产转让所得；⑨偶然所得。

（二）个人所得税的纳税义务人

个人所得税的纳税人包括中国公民、个体工商业户以及在中国有所得的外籍人员（包括无国籍人员，下同）和中国香港、澳门、台湾同胞。

我国现行个人所得税按照国际通行做法，依据住所和居住时间两个标准，将纳税人区分为居民纳税人和非居民纳税人，并以此确定其承担不同的纳税义务。

1. 居民个人

居民个人负有无限纳税义务，其所取得的应纳税所得，无论是来源于中国境内还是中国境外任何地方，都要缴纳个人所得税。

居民个人是指在中国境内有住所，或者是无住所而一个纳税年度内在中国境内居住累计满183天的个人。

（1）住所标准。在中国境内有住所的个人，是指因户籍、家庭、经济利益关系而在中国境内习惯性居住的个人。"习惯性居住"，相当于定居的概念，指的是个人在较长时间内，相对稳定地在一地居住。它是指个人因学习、工作、探亲等原因消除之后，没有理由在其他地方继续居留时所要回到的地方，而不是指实际居住或在某一个特定时期内的居住地。"有住所"并不等于"有房产"。

（2）时间标准。我国规定的时间标准是在一个纳税年度内在中国境内居住累计满183天的个人。居住满183天是指在一个纳税年度（自公历1月1日起至12月31日止）中在中国境内居住183天。

例如，一个外籍人员从2019年1月起到中国境内的公司任职，2019年3月7—12日离境回国向总公司述职，12月23日离境回国。由于该纳税人在2019年纳税年度在中国居住满183天，该纳税人应为中国的居民个人。

2. 非居民个人

非居民个人是指不符合居民个人判定标准的纳税人。非居民个人承担有限纳税义务，即仅就其来源于中国境内的所得向中国缴纳个人所得税。

非居民个人是在中国境内无住所又不居住，或者无住所而一个纳税年度内在中国境内居住累计不满 183 天的个人。

3. 扣缴义务人

我国实行个人所得税代扣代缴和个人自行申报纳税相结合的征收管理制度。个人所得税采取代扣代缴办法，有利于控制税源，保证税收收入，简化征纳手续，加强个人所得税管理。

（三）个人所得税所得来源地的确定

所得来源地的确定，是判断某项所得是否应该征收个人所得税的重要依据。就非居民纳税人而言，因只就其来源于我国境内的所得课税，因此判断其所得来源地，就显得十分重要。

我国的个人所得税，依据所得来源地的确定应反映经济活动的实质，要遵循方便税务机关实行有效征管的原则。

所得的来源地与所得的支付地并不是同一概念，有时两者是一致的，有时却是不相同的。除国务院财政、税务主管部门另有规定外，下列所得，不论支付地点是否在中国境内，均为来源于中国境内的所得，①因任职、受雇、履约等在中国境内提供劳务取得的所得。②将财产出租给承租人在中国境内使用而取得的所得。③许可各种特许权在中国境内使用而取得的所得。④转让中国境内的不动产等财产或者在中国境内转让其他财产取得的所得。⑤从中国境内企业、事业单位、其他组织以及居民个人取得的利息、股息、红利所得。

四、土地增值税

（一）土地增值税的概念

土地增值税是对转让国有土地使用权、地上建筑物及其附着物并取得收入的单位和个人，就其转让房地产所取得的增值额征收的一种税。

开征土地增值税的主要目的有以下三点。第一，进一步改革和完善税制，增强国家对房地产开发和房地产市场调控力度的客观需要；第二，为了抑制炒买炒卖土地投机获取暴利的行为；第三，为了规范国家参与土地增值收益的分配方式，增加国家财政收入。

（二）土地增值税的征税范围

土地增值税的基本征税范围包括：转让国有土地使用权；地上建筑物及其附着物连同国有土地使用权一并转让；存量房地产的买卖。

转让非国有土地使用权以及国有土地出让均不征收土地增值税。

第三节　财产税

一、财产税概述

（一）财产税的概念

财产税是对法人或自然人在某一时点占有或可支配财产课征的一类税收的统称。其中，财产是指法人或自然人在某一时点所占有及可支配的经济资源，如房屋、土地、物资、有价证券等。作为古老的税种，财产税曾经是奴隶社会时期和封建社会时期国家财政收入的最主要来源。进入资本主义社会以后，其主体税种的地位逐步让位于商品税和所得税。财产税的衰落，是由其本身的局限性决定的：一是弹性小，不能适应社会经济发展的需要；二是课税对象有限；三是计税依据难以准确界定，税收征管难度大，税收成本较高。财产税类中要有房产税、城镇土地使用税和契税。

（二）财产税的特点

第一，财产税是对社会财富的存量课税，可弥补所得税和商品税的不足。财产税的课税对象一般不是纳税人当年新创造的价值，而是其以往年度所创造价值的累积总和。因此，财产税可以发挥商品税和所得税无法发挥的作用。

第二，财产税属于直接税，税负难以转嫁。由于财产税是在消费领域中对财产的占有或支配课税,一般不与他人发生经济关系,纳税人很难有机会转嫁其税负,故财产税对调节社会财富的不合理分布状况、实现公平合理的分配目标,有着无法替代的重要作用。

第三,计税依据难以确定,征管难度大。由于财产税是以纳税人在以往若干年度积蓄的财产存量为课税对象进行征税,因此往往缺乏正常的交易价格作为计税依据。随着时间的推移,许多存量财产的历史成本已不复存在或难以反映目前的市场价值,这一切无疑都会增大其征管工作的难度。

二、房产税

(一)房产税的概念

房产税是以房产为征税对象,依据房产价格或房产租金收入向房产所有人或经营人征收的一种税。

(二)房产税的纳税义务人及征税对象

1. 纳税义务人

房产税的纳税人是指在中华人民共和国城市、县城、建制镇和工矿区(不包括农村)内拥有房屋产权的单位和个人,具体包括产权所有人、承典人、房产代管人或者使用人。

2. 征税对象

房产税的征税对象是房产,即有屋面和围护结构(有墙或两边有柱),能够遮风避雨,可提供人们在其中生产、学习、工作、娱乐、居住或储藏物资的场所。

需要注意,房地产开发企业建造的商品房,在出售前,不征收房产税;但对出售前房地产开发企业已使用或出租、出借的商品房应按规定征收房产税。

三、城镇土地使用税

(一)城镇土地使用税的概念

城镇土地使用税是以城镇土地为征税对象,对拥有土地使用权的单位和个人征收的一种税。

（二）城镇土地使用税的纳税义务人

在城市、县城、建制镇、工矿区范围内使用土地的单位和个人，为城镇土地使用税的纳税人。

城镇土地使用税的纳税义务人的范围包括国有企业、集体企业、私营企业、股份制企业、外商投资企业、外国企业以及其他企业和事业单位、社会团体、国家机关、军队以及其他单位；个人，包括个体工商户以及其他个人。纳税人可以是拥有人、实际使用人或代管人；共同拥有或使用的，各方都是纳税人。例如，几个人或几个单位共同拥有一块土地的使用权，这块土地的城镇土地使用税的纳税人应是对这块土地拥有使用权的每一个人或每一个单位，以其实际使用的土地面积占总面积的比例，分别计算缴纳土地税。

四、契税

（一）契税的概念

契税是以在中华人民共和国境内转移土地、房屋权属为征税对象，向产权承受人征收的一种财产税。特别注意，契税纳税人是买方而不是卖方。

（二）契税的征税行为

1. 国有土地使用权出让

国有土地使用权出让是指土地使用者向国家交纳土地使用权出让费用，国家将国有土地使用权在一定年限内让予土地使用者。对承受国有土地使用权所应支付的土地出让金，要计征契税，不能因减免土地出让金而减免契税。

2. 土地使用权的转让

土地使用权的转让是指土地使用者以出售、赠予、交换或者其他方式将土地使用权转移给其他单位和个人的行为。需要注意的是，土地使用权的转让不包括农村集体土地承包经营权的转移。

3. 房屋买卖

对已缴纳契税的购房单位和个人，在未办理房屋权属变更登记前退房的，退还已纳契税；在办理房屋权属变更登记后退房的，不予退还已纳契税。

买房拆料或翻建新房，应照章征收契税。例如，甲某购买乙某的房产，不论其目的是取得该房产的建筑材料或是翻建新房，实际已构成房屋买卖，甲某应先办理房屋产权变更手续，并按买价缴纳契税。

4. 房屋赠予

房屋赠予是指房屋产权所有人将房屋无偿转让给他人所有。其中，将自己的房屋转交给他人的法人和自然人，称作房屋赠予人；接受他人房屋的法人和自然人，称为受赠人。房屋的受赠人要按规定缴纳契税。

5. 房屋交换

房屋交换是指房屋所有者之间交换房屋的行为。

第四节 行为税和其他税种

一、行为税概述

（一）行为税的概念

行为税是指以消费或经济生活中的某些特定行为作为课税对象的一类税收的总称。其中，特定行为是指除了从事商品和劳务的销售行为、取得所得行为、占有或转移财产行为等以外的应纳税行为，具体课税范围则由税法予以确定。

（二）行为税的特点

当代税制结构中，行为税有着与众不同的鲜明特点。

1. 明确的目的性

行为税主要以特定的行为为课税对象，因而它在宏观调控中更能直接体现国家意志。现实经济生活中，对哪些行为征税、哪些行为不征税，税率水平的高低和税收负担的轻重等，完全服从于国家的特定政策目标。

2. 分散性和灵活性

行为税的税源分散且不普遍,因此收入不像商品税和所得税那样集中、稳定。加之其目的是限制某种行为,实行"寓禁于征"的政策,往往是因时制宜和因地制宜,需要时就开征,不需要时则停征,从而具有分散性和灵活性的特征。

3. 税款收入具有特殊的用途

行为税通常是基于特定的目的及特殊需要而开征、停征,其收入具有偶然性和临时性。因此,行为税的收入一般不列入经常性预算收入来源,而是作为建设性预算收入的一部分,用于满足经济发展过程中的特殊需要。

二、印花税

(一)印花税的概念

印花税是以经济活动和经济交往中书立、使用、领受应税凭证和证券交易的行为为征税对象征收的一种税。它是一种具有行为税性质的凭证税。

(二)印花税的特点

印花税具有以下特点。

1. 征税面广

印花税规定的征税范围广泛,凡税法列举的合同或具有合同性质的凭证、产权转移书据、营业账簿等,都必须依法纳税。

2. 税率低,税负轻

我国自2022年7月1日起,印花税的最高税率调整为千分之一,最低税率为万分之零点五。税负轻是印花税的一大优点,易为纳税人所接受,也因此得以在世界各国广泛推行。

3. 纳税人可以自行完税

印花税可以采用粘贴印花税票或者由税务机关依法开具其他完税凭证的方式缴纳。纳税人在应纳税凭证订立或领受时可以即行贴花完税,印花税票应贴在应纳税凭证上,并由纳税人在每枚税票的骑缝处盖戳注销或划销,严禁揭下重用。

（三）印花税的纳税义务人

印花税的纳税人，是指在中华人民共和国境内书立应税凭证、进行证券交易的单位和个人。签订合同的各方当事人都是印花税的纳税人，但不包括合同的担保人、证人和鉴定人。

在国外书立、领受，但在国内使用的应税凭证，其使用人为纳税人。

印花税的纳税人按照书立、使用、领受应税凭证的不同，可以分别确定为立合同人、立据人、立账簿人、使用人和各类电子应税凭证的签订人。

三、车船税

（一）车船税的概念

车船税是指对规定的的车辆、船舶（以下简称车船）依法征收的一种税。

（二）车船税的征税范围

车船税的征税对象是依法应在公安、交通、农业等车船管理部门登记的车船，具体可分为车辆和船舶两大类。

第一，车辆为机动车，包括乘用车、商用客车（包括电车）、商用货车（包括半挂牵引车、三轮汽车和低速载货汽车等）、挂车、摩托车、其他车辆（不包括拖拉机）。

第二，船舶为机动船和非机动驳船。

四、耕地占用税

（一）耕地占用税的概念

耕地占用税是对占用耕地建房或从事其他非农业建设的单位和个人，就其实际占用的耕地按面积征收的一种税，它属于对特定土地资源占用课税。我国现行耕地占用税的基本法律规范是2018年12月29日第十三届全国人民代表大会常务委员会第七次会议通过并于2019年9月1日起施行的《中华人民共和国耕地占用税法》。

（二）耕地占用税的纳税义务人

在中华人民共和国境内占用耕地建设建筑物、构筑物或者从事非农业建设的单位和个人，为耕地占用税的纳税人。

耕地占用税的征税范围包括用于建房或从事其他非农业建设征（占）用的国家所有和集体所有的耕地。

占用园地及其他农用土地建房或从事其他非农业建设，也须依法征收耕地占用税。

占用林地、牧草地、农田水利用地、养殖水面以及渔业水域滩涂等其他农用地建房或者从事非农业建设的，适用税额可以适当低于当地占用耕地的适用税额，具体适用税额按照各省、自治区、直辖市人民政府的规定执行。

农田水利不论是否包含建筑物、构筑物占用耕地，均不属于耕地占用税征税范围，不征收耕地占用税。

五、资源税、船舶吨税和烟叶税

1. 资源税

资源税是对在中华人民共和国领域和中华人民共和国管辖的其他海域开发应税资源的单位及个人征收的一种税，属于对自然资源占用征税的范畴。资源税的开征是为了调节开采自然资源企业的收入差距。

2. 船舶吨税

船舶吨税（以下简称吨税）是海关代表国家交通管理部门在设关口岸对进出我国港口的外国籍船舶征收的用于航道设施建设的一种使用税。

吨税的纳税人为拥有或租有进出中国港口的国际航行船舶的单位和个人。吨税的征税对象是行驶于中国港口的中外船舶，具体包括：

第一，在中国港口行驶的外国籍船舶。

第二，外商租用的中国籍船舶。

第三，中外合营的海运企业自有或租用的中、外籍船舶。

第四，中国租用（包括国外华商所有的和租用的）航行国外及兼营国内沿海贸易的外国籍船舶。

3. 烟叶税

烟叶税是以纳税人收购烟叶的收购金额为计税依据征收的一种税。烟叶税的课征有利于引导烟草行业健康发展。

六、环境保护税

（一）环境保护税的概念

我国于 2016 年 12 月 25 日出台了《中华人民共和国环境保护税法》规定，自 2018 年 1 月 1 日起依法征收环境保护税，不再征收排污费。

环境保护税是向在中华人民共和国领域和中华人民共和国管辖的其他海域，直接向环境排放应税污染物的企业、事业单位和其他生产经营者为征收的一种税。

（二）环境保护税的特点

1."费改税"，实现税负平移

将排污费的缴纳人作为环境保护税的纳税人，根据现行排污收费项目、计费办法和收费标准，设置环保税的税目、计税依据和税额标准。

2. 需要多部门配合，实现制度转换

相比部分已有税种，环境保护税所涉及的技术性相对较强。明确，"费改税"后，由税务部门征收，生态环境保护部门配合，确定"企业申报、税务征收、环保监测、信息共享"的税收征管模式。

3. 税款用于治理环境和生态文明建设

税收收入纳入一般公共预算管理，用于污染防治和生态环境保护，推进生态文明建设。

环境保护税的征税对象为四大类污染物，包括大气污染物、水污染物、固体废物和噪声。环境保护税的具体税目、税额，依照《环境保护税税目税额表》执行。

第六章 税收管理与税务行政处理

税务行政管理活动保障着税收职能的正常发挥和税收业务的正常开展，既包括对税收业务的整体目标、具体落实措施、工作成果进行部署、监控、考核和奖惩，又包括对税收整体工作给予人、财、物的保障。税务机关的整体工作绩效一方面表现为税务行政管理与业务管理的综合成果，另一方面在很大程度上又取决于税务行政管理的质量和水平。

第一节 税务管理与税款征收

一、税务管理

（一）税务管理的概念

税务管理是国家及其税务机关，根据税收参与国民收入分配活动的规律，对税收进行有计划地组织、管理、监督和协调的基本措施，是保证税收职能作用得以实现的一种活动。从组织机构、干部配备、制定政策、编制计划到指挥征收、监督检查和协调关系等的全部活动都属于税务管理的范围。

税务管理与税收存在相互联系。税务管理取决于税收的存在，有税收，就必然有税务管理。税务管理自始至终存在于国家税收参与国民收入分配活动的全过程。

在我国社会主义市场经济体制需要国家运用税收政策贯彻国家的经济政策，

调节经济、实行间接管理，达到宏观经济决策的要求，从而有利于国家合理布局产业结构、产品结构，促进经济体制改革，为精神文明和物质文明建设服务。但是，税收经济杠杆作用的发挥，有赖于科学的税务管理来实现，税务管理水平直接关系到税收经济杠杆作用发挥的深度和广度。

税收是国家直接掌握的分配杠杆，它为经济建设积累资金作出了重大贡献。在现阶段，税收收入已占国家整个财政收入的90%以上，成为国家财政收入的主要支柱。国家、集体和劳动者个人之间的根本利益是一致的，税收所体现的征纳关系的根本利益也是一致的。但是在某些方面还存在着长远利益与眼前利益，全局利益与局部利益的矛盾，要使各个方面能在产品分配中协调统一，正确处理各方面的经济利益关系，保证税收任务的完成，都必须依靠科学的税务管理。

（二）税务管理的特点

税务管理作为国家宏观经济管理的重要组成部分，它除了具有一般管理的特点之外，还具有自身的独到之处。具体来说，税务管理具有综合性、全面性、超前性和复杂性的特点。

1. 税务管理的综合性

税务管理的综合性主要体现在税务管理的对象是税收分配活动的全过程，即包括税收参与国民收入分配的各个环节，如税务决策、计划、组织协调监督控制等；包括税收分配过程中所涉及的各个方面，如税收立法、执法的关系、纳税人与征税人的关系、各级政府的税收利益关系、部门之间的税收利益关系、税收收入与税务经费的关系、税务机构内部的机构设置和责权利效关系等。

2. 税务管理的全面性

税务管理的全面性是指税务管理的内容包括：税务基础管理、税务体制管理；税务立法管理、税务执法管理、税务司法管理；税务法制管理、税务行政管理、税务票证管理；还包括税务科学管理、税务规范管理、税务有效管理、税务法治管理；纳税服务、纳税评估、税务代理、国际税收的内涵及其相互关系等。

3. 税务管理的超前性

税务管理的超前性是指税务管理以事先确定的税收原则、税务管理基本要求为目标,通过税务管理职能的具体运用来实现税收职能。税务管理要为执行税收决策对税收分配进行具体规划安排并组织实施。可见,税务管理具有超前性。

4. 税务管理的复杂性

税务管理的复杂性是指在税收分配过程中时时处处存在着矛盾。如征税方、纳税方、用税方之间存在着矛盾,纳税人与负税人之间存在着矛盾。这些矛盾既有内部的,也有外部的,也有内部外部之间的。税务管理就是要协调税收分配中各方面的利益,解决存在的矛盾。

(三)税务管理的内容

税务管理作为国家宏观经济管理的重要组成部分,其内容包括税务法制管理、税务体制管理、税务行政管理、税务征收管理、税收核算管理。

1. 税务法制管理

税收法律法规是国家重要的法律制度,同其他法律法规一样是由国家制定或认可并由国家强制力保证实施的。税收法律法规的制定和颁布是国家参与社会产品和国民收入的分配和再分配,对宏观经济进行调节和监督的表现。税收法律法规一经确定,便形成了国家与企业、个人之间的税收法律关系,即以税收法律法规为依据的、以征纳税为内容的权利义务关系,国家与企业、个人的涉税行为都必须在税收法律法规的约束之下。税务法制有两种含义,一是静态的税务法制,它是税收法律法规体系,或税收法律法规制度的简称;二是动态的税务法制,它是指国家将税收分配活动法律化、制度化。一般情况下,我们所说的税务法制是指将税收分配活动法律化、制度化。税务法制的基本要求和目标是"有法可依、有法必依、执法必严、违法必究"。

广义的税务法制管理是指在税务管理中贯彻"依法治税"的原则,对税收分配的全过程实施法治化管理,避免随意税、人情税、关系税的发生。狭义的税务法制管理是指税务管理体系中税政体系的建设与执行程序——税收征管体系的直接管理活动。我们认为,税务法制管理应该是对税收分配全过程的法治管理，包括税务立法管理、税务执法管理和税务司法管理。税务法制管理的核心是依法治税，税务法制管理是税务管理的重要组成部分，是依法治国的重要内容和具体体现。

（1）税务立法管理。税务法制管理首先是税务立法管理。税务立法是指国家立法机关及其授权机关依据法定权限和法定立法程序，制定、修改和废止税务法律规范的活动。其含义包括：税务立法活动的主体是国家立法机关及其授权机关；税务立法是制定、修改和废止税务法律规范的活动；税务立法活动必须依据法定的程序进行；税务立法活动是统治阶级的分配意志上升为国家课税意志的过程。税务立法在税务管理中具有重要意义。税务立法管理包括税务立法权限的划分和税务立法程序。

（2）税务执法管理。税务执法又称税务行政，它是指国家及其税务机关按照法定的权限，使税收法律规范在社会生活中具体运用和实现的活动。它是税法实施的重要形式。税务执法管理包括税收执法检查，税务执法监察。税务执法管理中，税务法律关系是其核心。税务法律关系是由国家税法所确认、调整和保护的国家与纳税人之间在税收分配过程中形成的税收征纳权利义务关系。

（3）税务司法管理。税务司法是国家专门机构在宪法和法律规定的职权范围内，按照法律规定的程序，运用法律审理、判决税务纠纷案件、税务犯罪案件和涉外税务案件的活动。税务司法中，明确界定税收违法行为和税务法律责任是关键。税务司法管理包括税务行政处罚管理、税务行政复议管理、税务行政诉讼管理和税务行政赔偿管理。

2. 税务体制管理

税务体制是指各级政府之间的税收分配关系，是划分政府之间税收管理权限的制度。税收作为一种经济利益分配关系，除了体现为政府与纳税人之间、纳税人与纳税人之间的经济利益分配关系以外，还体现为中央与地方政府之间、地方政府相互之间的经济利益分配关系。从一定意义上讲，政府之间的经济利益分配关系对税收的影响更大，明确这一经济利益分配关系十分重要。要想正确处理这种利益关系，就必须确立科学合理的税务管理体制。明确中央政府与地方政府、地方政府相互之间的职责、权限、税收收入的范围和额度等责、权、利、效问题，以充分调动中央及地方政府组织、管理税收的积极性。

税务管理体制是确定其他税务管理制度的基础性制度。税收分配是以国家为主体的特殊分配，政府之间的税收分配关系往往直接影响着国家与纳税人之间的税收分配关系、纳税人之间的税收分配关系，影响着税务立法、税务执法和税务司法之间的关系。税务管理体制以税收管理权限为核心，与税务管理机构的设置、税务管理人员的配备、税收收入的划分、税收制度的完善有十分密切的关系，是税务管理的重要内容。

3. 税务行政管理

税务行政管理是指国家税务管理机构的设置、运转和税务管理人员的组织、管理，它是实现税务管理职能和目标的组织保证。税务管理机构的设置一般是根据国家的政府科层、行政区划、经济区域、财政管理体制等因素，综合考虑并设置，以适应国家的经济发展、国家宏观经济管理和税务管理的要求；税务管理人员的配备则是根据税务管理的需要，在考虑人员素质、队伍建设、经费节约和管理高效等因素的影响下建设的。税务管理机构、税务管理人员是整个税务管理的操作主体和机构保障。税务行政管理的目标就是要实现在完善的国家公务员制度下，形成一支拥有高素质的税务管理干部队伍，形成办事高效、运转协调、行为规范、成本低廉的税务行政管理制度。

1994年我国实行分税制改革后，在收入上已按税种划分中央税、地方税、中央和地方共享税；在地方税务机构设置上按税种设置国家税务局和地方税务局，分别负责中央税、地方税和中央地方共享税的征收管理工作，从而形成国家税务局和地方税务局相对独立的税收征收管理组织体系。2018年，地方国地税机构合并统称为税务局，实行以垂直管理为主的征收管理体制。

我国税收管理的最高权力机构为国家税务总局，直属国务院领导。国家税务总局在各省、自治区、直辖市设税务局。各省、自治区、直辖市下属地区、省辖市、自治州（盟）设税务分局。同国家税务总局相平行的是海关总署，直属国务院领导。海关总署及下属各海关都设有关税及其他进口税征收管理机构。

我国各级税收征收管理机构的责权分工为：国家税务总局及其所属税务局主要从事税收政策拟订、制度设计、计划编制和税收征管等方面的工作；海关总署及其下属海关主要从事关税及其他进口税的政策拟订、制度设计、计划编制和税收征管等方面工作。

4. 税收征收管理

税收征收管理又称稽征管理，是基层税务机关根据税收法规实施管理、征收、检查等日常税收工作的总称，是税法制定后税务执法机关计划、组织、监控税务人员和纳税人具体实施税法的过程。

税务管理与税收征收管理既相互联系又相互区别。税收征收管理是税务管理的基本环节，是税务管理的基础和核心，其实质是税务执法管理。

从构成要素来看，税收征收管理是由税收征收管理法规、税收征收管理制度、税收征收管理规程、税收征收管理机构、税收征收管理人员、税收征收管理技术方法和税收征收管理监控等要素构成。其中，税收征收管理法规、税收征收管理制度、税收征收管理规程是税收征收管理的依据，是中心性要素；税收征收管理机构、税收征收管理人员是整个税收征收管理操作主体，是主体性要素；税收征收管理技术方法是整个税收征收管理操作运行的技术条件，是技术性要素；税收征收管理监控是保证税收征收管理运行的方向不出偏差的补充手段，属完善性要素，起维护作用。

从管理的内容来看，税收征收管理包括管理服务、征收监控、税务稽查三部分。其中，管理服务是税务征收管理的基础性工作，包括纳税服务、税务登记、发票管理等。征收监控是基层税务机构的核心工作，是税务管理的目的和归宿。它包括纳税申报、税款征收等。税务稽查是税收征收管理的有力保证，它是税务机关依法对纳税人、扣缴义务人履行纳税义务、扣缴义务情况进行税务检查和处理工作的总称。税务稽查的内容包括：受理举报、综合选案、实施稽查、案件审理、案件处理、稽查成果分析等。可见，税收征收管理是税务管理的重中之重。

5. 税收核算管理

税收核算管理是指税务管理机关运用一定的技术手段，对税务管理全过程进行的量化管理。其具体内容包括税收计划管理、税收会计管理、税务统计管理、税收票证管理和税收信息管理。

（1）税收计划管理。税收计划是国家预算的重要组成部分，税收计划制订的质量高低，直接影响政府实现职能所需要的资金的满足程度，影响国民经济的发展和人民生活水平的提高。税收计划管理是税务机关编制税收计划，并运用计划对税款的组织入库和税收政策的贯彻执行进行指导、组织、监督和协调的管理活动。通过税收计划管理，可以规范用税机关和执法机关的用税和征税行为，可以检查和考核税务管理的质量，可以调动税务执法人员建设税源、组织税收收入的积极性。

（2）税收会计管理。税收会计包括税收会计核算、税收会计监督、税收会计分析和税收会计检查等内容。税收会计是对税款流程的核算。税收会计管理是税务管理机构通过对税款的征收与报解、税款的入库与退库、税款的增加与减少的数字的记载和分析，对国家税收收入进行的管理活动。税收会计管理是税务管理不可缺少的内容和手段，它对国家税款和财产的安全起着重要作用。

（3）税务统计管理。税务统计包括税务统计调查、税务统计整理和税务统计分析等内容。税务统计管理是税收征收机关根据统一的指标体系和技术方法，对税源、税收、税政等方面的资料进行汇总，编制统计分析报表等的管理活动。税务统计管理既是对国家税收计划、税收工作进行评价的重要环节，也是政府编制税收计划、制定税务决策的重要依据。

（4）税收票证管理。税收票证管理是指对在税务管理中涉及的经营票证和税务票证进行管理的活动。

（5）税收信息管理。税收信息管理是税务管理机关对税收分配过程中的各种税收资料、数据、消息、情报等，按照一定的标准和方法进行分类、储存、传播、反馈等的管理活动。税收信息管理是税务管理中的新内容，是税务管理现代化的产物。通过税收信息管理可以及时掌握税务方面的动态，了解税收收入情况、税源变化情况，发现税务管理中的问题，为税收政策、税收制度的调整、税务管理方式方法的改进等提供依据。

（四）税务管理的基本原则

税务管理自始至终存在于对社会产品或国民收入分配和再分配的全过程，是对整个税收分配活动的管理。因此，税务管理的范围广泛，内容丰富。一般来说，税务管理包括税收立法、税制建设、税收管理体制、机构设置、干部配备、编制计划、组织征收、监督检查和协调关系等。

我国税务管理的基本原则是由国家的性质和与之相适应的税收性质和作用所决定的。它必须适应税收分配要求和客观经济规律。税务管理应从这些客观实际情况出发，总结多年来的实践经验，不断改进提高。税务管理的水平直接关系到国家财政收入任务的完成和正确处理各方面的经济利益关系。因此，做好税务管理必须遵循以下基本原则。

1. 集中统一，因地制宜原则

我国幅员辽阔，人口众多，自然条件、资源情况和经济发展状况存在差异，税务管理必须要适应国情取得最佳成效。税务管理是财政管理的重要组成部分，因此，全国税收政策、法令必须由中央统一制定，各地遵照执行。在统一政策、法令的前提下，根据税收管理体制规定的范围与权限，应当允许地方结合本地区实际情况制定相应的办法，把原则性与灵活性有机地结合起来，做到集中统一，因地制宜地搞好税务管理。

2. 专业管理与群众管理相结合原则

税收的专业管理，是指国家税务机关对税收进行征收管理的主要方法。税收的群众管理，是指由纳税单位和个人在税务机关的指导下，对税收参与管理活动的一种形式。

税务管理活动是一项涉及面广、群众性很强的工作，如果没有人民群众的参加与支持，单靠税务机关的力量进行专业管理，是不可能高质量而全面完成税收任务的。因此，在税收征管工作中，必须贯彻专业管理与群众管理相结合的原则。

首先，各级税务机关必须不断提高自身的管理水平，改进工作方法，建立健全各项征管制度，充实征管力量，提高干部素质，树立法制观念，切实做到依法办事、依率计征、廉洁奉公、作风正派、联系群众；其次，税务机关必须发动群众参与管理，建立各种群众性的护税、协税组织，并辅导他们学习政策，提高认识，学习税法，宣传税法，依法纳税。群众管理搞好了，专业管理就能收到事半功倍的效果，群众管理是专业管理的基础，专业管理处于指导和主导的地位。加强专业管理的同时不能忽视群众管理，发动群众参与管理的同时，不能放弃专业管理,专业管理与群众管理二者不可偏废。

3. 兼顾国家、企业和个人三者利益原则

在我国社会主义公有制基础上的有计划的商品经济条件下,存在着多种经济成分。国家积累资金必须通过税收分配形式,把它们的一部分纯收入集中起来,形成国家财政收入,用于社会主义现代化建设需要。所以,税务管理的一系列活动,都直接涉及国家、企业和个人三者的经济利益关系,体现着党和国家的经济政策。在进行税务管理活动中,必须把这些关系处理好,特别是在国营企业实行利改税后,国家与企业的分配关系已用法律形式固定了下来,税收已成为国家财政收入的主要来源,正确处理好三者之间的关系变得尤为重要。

在兼顾三者经济利益时,必须坚持局部利益服从整体利益、眼前利益服从长远利益的原则。这样,在实际经济生活中往往会出现许多矛盾,这就需要通过深入细致的税务管理工作及时进行调整解决,从全局出发照顾各方,协调关系,促进各项生产建设事业的蓬勃发展,保证税务管理达到最佳效果。

4. 组织收入与促进生产相结合原则

组织收入,保证国家财政收入任务的完成,是税收工作的基本职责,也是税务管理的主要任务。在税务管理中,必须充分发挥财政的职能作用,为社会主义现代化建设积累更多的资金。

经济决定财政,是税收的基础,是组织收入的源泉。但是,税收又服务于经济,反作用于经济。生产发展了,才会有充裕的税源,才能积累更多的资金。所以,在税务管理活动中,必须牢固地树立生产观点,面向生产,关心生产,促进生产的发展。在税收征管工作中,组织收入和促进生产是结合在一起的,税务人员到企业进行辅导、征收和检查时,往往对企业在生产、经营和管理方面存在的问题和困难,及时给予帮助解决,从而支持、促进了生产的发展(简称为支、帮、促)。同时,也只有在税务管理的活动中,把组织收入和促进生产有机地结合起来,才能很好地完成税收任务。在组织收入和促进生产时,要坚持贯彻执行税收政策,依法办事,依率计征,不能只顾收入不顾生产,也不能只明生产,不顾国家收入。

（五）税务管理的法律依据

税收制度与税法密不可分，税法是税收制度的法律表现形式，属于法律范畴；税收制度则是税法所确定的具体内容，税收制度是税收本质特征及税收职能所要求的，属于经济范畴。

税收制度与税法均是因税收而产生的孪生兄弟，它们彼此配合、取长补短，从不同角度共同作用于税收这一经济基础，合力调节税收分配关系。

有税必有法，无法不成税。税收与税法虽然一个属于经济范畴，一个属于法律范畴，但自古以来就是一对不可分割的社会历史概念。从经济基础与上层建筑关系的角度看，税收是税法产生、存在和发展的基础，是决定税法性质和内容的主要因素；而税法以税收为调整对象，为税收活动正常有序地开展提供法律保障。

税法是国家制定的用以调整国家与纳税人之间在征纳税方面的权利及义务关系的法律规范的总称。它是国家及纳税人依法征税、依法纳税的行为准则，其目的是保障国家利益和纳税人的合法权益，维护正常的税收秩序，保证国家的财政收入。

税法具有义务性和综合性的特点。从法律性质上看，税法属于义务性法规，以规定纳税人的义务为主，但并不是指税法没有规定纳税人的权利，而是指纳税人的权利是建立在其纳税义务基础之上的，处于从属地位。税法属于义务性法规的这一特点是由税收的无偿性和强制性所决定的。税法的另一个特点是具有综合性，它是由一系列单行税收法规及行政规章制度组成的复杂体系，其内容涉及课税的基本原则、征纳双方的权利和义务、税收管理规则、法律责任、解决税务争议的法律规范等。税法的综合性是由税收制度所调整的税收分配关系和税收法律关系的复杂性所决定的。税法的内容十分丰富，涉及范围也极为广泛，各单行税收法律、法规结合起来形成了完整配套的税法体系，共同规范和制约税收分配的全过程，是实现依法治税的前提和保证。

在税收分配活动中，税收制度是税收征纳双方所应遵守的行为规范的总和，是一个国家的税负结构、税收管理体制及征收管理体制的总和，它包括国家向纳税人征税的法律依据以及征税机关的管理体制和工作规程（规章），其中各税种的法律法规是税收制度的核心内容。

1. 税收立法

目前，我国有权制定税法或者税收政策的国家机关包括：全国人民代表大会及其常务委员会、国务院、财政部、国家税务总局、海关总署、国务院关税税则委员会等。

（1）法律。税收的基本制度由法律规定。税收法律由全国人民代表大会制定，如《中华人民共和国个人所得税法》；或者由全国人民代表大会常务委员会制定，如《中华人民共和国税收征收管理法》（以下简称《税收征管法》）。

（2）行政法规。有关税收的行政法规由国务院根据有关法律的规定制定或者根据全国人民代表大会及其常务委员会的授权制定。

（3）部门规章。有关税收的部门规章由财政部、国家税务总局、海关总署、国务院关税税则委员会等部门根据有关法律、行政法规制定。其中，有些重要规章要经过国务院批准以后发布。

（4）地方性法规。根据中国法律的规定，省、自治区、直辖市和某些较大的市的人民代表大会及其常务委员会根据本行政区域的具体情况和实际需要，在不与法律、行政法规相抵触的前提下，可以按照规定制定某些地方性的税收法规。

（5）地方政府规章。省、自治区、直辖市和某些较大城市的人民政府，可以根据法律、行政法规和本省、自治区、直辖市的地方性法规，制定税收规章。

税收法律的制定要经过提出立法议案、审议、表决通过和公布四道程序；税收行政法规和规章的制定要经过立项、起草、审查、决定和发布五道程序。上述程序都应当按照法律、法规和制度进行。

税收相关的法律法规不仅要适应各个税种的不同特点，而且要结合我国实际，注重国际惯例。本着必要与可行的原则，制定适应我国实际的税收征管法。税收立法要注重公平税负。国家对一切有收入的国民，都要根据其纳税能力的大小征收赋税。通过公平税负，为企业在市场中实现平等竞争创造条件。最后是保护纳税人合法权益的原则。税收相关的法律法规的建立使纳税人依法履行纳税义务并保护自己的合法权益，使税务机关依法履行职责并接受社会监督和司法监督，同时力求使一切与税收有关的社会经济行为都纳入法制轨道。

2.《税收征管法》的特点

《税收征管法》的施行加强了我国税收征收管理，保障了国家税收收入，同时保护了纳税人的合法权益。

我国税收相关法律集中体现了内外统一、税收集中、权责兼顾、便于操作的原则，特点主要表现在以下几方面。

（1）统一内外税收的征管规定，征管规范化。不同所有制性质、不同资金来源、不同经营方式企业与个人之间公平税负、平等竞争。我国的税收征管法律规范同国际上的通行做法接近，有利于扩大对外开放。

（2）强化了税务机关的执法手段。我国税收相关法律赋予税务机关采取税收保全措施和强制执行措施的权力。此外，税务机关有核定纳税人应纳税额的权力。明确纳税检查的职权范围。相关法律法规对纳税检查的内容、项目规定比较具体。如到纳税人的货物存放地进行检查，可以查核从事生产、经营纳税人存款账户和储蓄存款等。纳税人、扣缴义务人必须接受机关依法进行的纳税检查，不得拒绝、隐瞒。

（3）充分体现了对纳税人合法权益的保护。税款延期缴纳的规定。这一规定主要是为了缓解纳税人因有特殊困难（如自然灾害的影响、意外事故的发生等），不能按期缴纳税款的。这样有利于企业调整生产，于国家、于纳税人都有利。

对税务机关规定了税收保全措施的约束。税务机关采取税收保全措施不当，或者纳税人在限期内已缴纳税款，税务机关未立即解除税收保全措施，使纳税人的合法权益受损失的，税务机关应当承担赔偿责任。

二、税款征收

税款征收是税务机关依照税法的规定，将纳税人应当缴纳的税款组织征收入库的一系列活动的总称，它是税收征收管理工作的中心环节，是全部税收征管工作的目的与归宿。

税务管理为税款征收提供了基础和前提，税款征收是现行《税收征收管理法》的核心部分，在税款征收制度中包含着税收程序法中的一些重要制度，这些制度对于征纳双方至关重要。

（一）税款征收的原则

（1）税务机关是征税的唯一行政主体。除税务机关，税务人员以及经税务机关依照法律、行政法规委托的单位和个人外，任何单位和个人不得进行税款征收活动。采取税收保全措施、强制执行措施的权利不得由法定的税务机关以外的单位和个人行使。

（2）税务机关只能依照法律、行政法规的规定征收税款。税务机关代表国家向纳税人征收税款，必须依法征收。

（3）税款、滞纳金、罚款统一由税务机关上缴国库。

（二）税款征收的方式

税款征收方式是指税务机关根据各税种的不同特点、征纳双方的具体条件而确定的计算征收税款的方法和形式。税款征收的方式主要有以下几种。

1. 查账征收

查账征收是指税务机关按照纳税人提供的账表所反映的经营情况，依照适用税率计算缴纳税款的方式。这种方式一般适用于财务会计制度较为健全的纳税单位。

2. 查定征收

查定征收是指税务机关根据纳税人的从业人员、生产设备，采用原材料等因素，对其产制的应税产品查实核定产量、销售额并据以征收税款的方式。这种方式一般适用于账册不够健全，但是能够控制原材料或进销货的纳税单位。

3. 查验征收

查验征收是指税务机关对纳税人应税商品，通过查验数量，按市场一般销售单价计算其销售收入并据以征税的方式。这种方式一般适用于经营品种比较单一，经营地点、时间和商品来源不固定的纳税单位。

4. 定期定额征收

定期定额征收是指税务机关通过典型调查，逐户确定营业额和所得额并据以征税的方式。这种方式一般适用于无完整考核依据的小型纳税单位。

5. 委托代征税款

委托代征税款是指税务机关委托代征人以税务机关的名义征收税款，并将税款缴入国库的方式。这种方式一般适用于小额、零散税源的征收。

6. 邮寄纳税

这种方式主要适用于有能力按期纳税，但采用其他方式纳税又不方便的纳税人。

第二节　税务检查

一、税务检查概述

税务检查也称纳税检查。它是税务机关按照国家有关税收法律、行政法规、规章和财务会计制度的规定，对纳税人、扣缴义务人履行纳税义务、代扣代缴义务情况进行的审查监督的管理活动，是税务机关管理的主要环节，是确保国家财政收入和税收法律、行政法规、规章贯彻落实的重要手段，是纳税监督的重要内容，也是国家经济监督体系不可缺少的组成部分。税务检查在整个税收征收管理的各环节同样具有相当重要的地位。

二、税务检查的形式和方法

（一）税务检查的形式

（1）重点检查。指对公民举报、上级机关交办或有关部门转来的有嫌疑的、纳税申报与实际生产经营情况明显不符的纳税人及有普遍逃税行为的行业的检查。

（2）分类计划检查。指根据纳税人历来纳税情况、纳税人的纳税规模及税务检查间隔时间的长短等综合因素，按事先确定的纳税人分类、计划检查时间及检查频率而进行的检查。

（3）集中性检查。指税务机关在一定时间、一定范围内，统一安排、统一组织的税务检查，这种检查一般规模较大，如以前年度的全国范围内的税收、财务大检查就属于这类检查。

（4）临时性检查。指税务机关根据不同的经济形势、税收任务完成情况等综合因素，在正常的检查计划之外安排的检查。如行业性解剖、典型调查性的检查等。

（5）专项检查。指税务机关根据税收工作实际，对某一税种或税收征收管理某一环节进行的检查。比如增值税一般纳税专项检查等。

（二）税务检查的方法

（1）全检法。全检法是对被检查纳税人一定时期内所有会计凭证、账簿、报表及各种存货进行全面、系统的检查的一种方法。

（2）抽查法。抽查法是对被检查纳税人一定时期内的会计凭证、账簿、报表及各种存货，抽查一部分进行检查的一种方法。

（3）顺查法。顺查法与逆查法对称，是对被检查纳税人按照其会计核算的顺序，依次检查会计、账簿、报表，并将其相互核对的一种检查方法。

（4）逆查法。逆查法与顺查法对称，指逆会计核算的顺序，依次检查会计报表、账簿及凭证，并将其相互核对的一种检查方法。

（5）现场检查法。现场检查法与调账检查法对称，指税务机关派人员到被检查纳税人的机构办公地点对其财务资料进行检查的一种方式。

（6）调账检查法。调账检查法与现场检查法对称，指将被查的纳税人的账务资料调到税务机关进行检查的一种方法。

（7）比较分析法。比较分析法是将被检查纳税人检查期有关财务指标实际完成数进行纵向或横向比较，分析其异常变化情况，从中发现纳税问题线索的一种方法。

（8）控制计算法。控制计算法也称逻辑推算法，指根据被检查纳税人财务数据的相互关系，用可靠或科学方法测定的数据，验证其检查期账面记录或申报资料是否正确的一种检查方法。

（9）审阅法。审阅法是指对被查纳税人的会计账簿、凭证等资料，通过直观的审查审阅，发现在纳税方面存在问题的一种检查方法。

（10）核对法。核对法通过对被查纳税人的各种相关联的会计凭证、账簿、报表及实物进行相互核对，验证其在纳税方面存在问题的一种检查方法。

（11）观察法。观察法指通过被检查纳税人的生产经营场所、仓库、工地等现场，实地观察其生产经营及存货等情况，以发现纳税问题或验证账中可疑问题的一种检查方法。

（12）外调法。外调法指对被检查纳税人有怀疑或已掌握一定线索的经济事项，通过向与其有经济联系的单位或个人进行调查，予以查证核实的一种方法。

（13）盘存法。盘存法指通过对被检查纳税人的货币资金、存货及固定资产等实物进行盘点清查，核实其账实是否相符，进而发现纳税问题的一种方法。

（14）交叉稽核法。交叉稽核法是指国家为加强增值税专用发票管理，应用计算机将开出的增值税专用发票抵扣联与存根联进行交叉稽核，目前这种方法通过"金税工程"体现。

三、税务检查的内容

（一）检查纳税人履行纳税义务情况

如执行税收政策的情况，是否按时准确全面地履行了纳税义务。

（二）检查纳税人遵守财务、会计制度的情况

检查纳税人的财务、会计制度及其财务、会计处理办法是否符合税法规定，应按税法的有关规定计算纳税。

（三）检查税务人员执行税收征管制度的情况

直接主管税务机关和税务人员在税收征收管理中是否有需要改进的地方，如有，应找出原因，提出改进意见。

（四）了解纳税人的生产经营情况

帮助纳税人改善经营管理，挖掘潜力，提高经济效益。税务检查的具体内容可因不同的税种而异。流转税的诸税种，主要查核征税范围、计税依据、

计税价格、扣除项目金额、运用税率、纳税环节的征免税界限等。所得税的诸税种，主要查核商品销售成本、销售费用、营业外收支、利润计算和专用资金提支等。

第三节　税务代理

一、税务代理的概述

（一）税务代理的含义和特点

1. 税务代理的含义

目前，国际上对税务代理还没有一个统一的定义。早在1994年，我国国家税务总局就对税务代理的概念作了具体阐述："税务代理是指在法律规定的代理范围内，受纳税人、扣缴义务人的委托，代为办理税务事项的各项行为的总称。"

2. 税务代理的特点

（1）主体的特定性。税务代理双方的主体资格都是特定的。被代理方是负有纳税义务的纳税人或扣缴义务的扣缴义务人，代理方必须是经过批准且具有税务代理职业资格的注册税务师和税务师事务所。

（2）法律的约束性。税务代理是负有法律责任的契约行为。注册税务师与被代理人之间的关系是通过代理协议建立起来的，代理人在从事税务代理活动的过程中，必须站在客观、公正的立场上行使代理权限，其行为受税法及有关法律的约束。

（3）内容的确定性。注册税务师的税务代理业务范围由国家以法律、行政法规和行政规章的形式确定，注册税务师不得超越规定的内容从事代理活动。除税务机关按照法律、行政法规规定委托其代理外，注册税务师不得代理应由税务机关行使的行政职权。

（4）税收法律责任的不可转嫁性。税务代理是一项民事活动，税务代理关系的建立并不改变纳税人、扣缴义务人对其本身所固有的税收法律责任的承担。

(5) 代理服务的有偿性。作为一般的民事代理，可以是有偿的，也可以是无偿的，但税务代理除法律有特别规定外，一般是有偿的。

(二) 税务代理的原则

1. 自愿委托原则

税务代理属于委托代理的范畴，代理关系的建立要符合代理双方的共同意愿，坚持自愿委托原则。一方面，纳税人、扣缴义务人既有委托或不委托的选择权，也有选择代理人的权利；另一方面，代理人同样具有选择其所代理对象的自由，在被代理人向其寻求代理时，代理人拥有接受委托或拒绝代理的选择权。代理双方的代理关系只是依据合同的契约关系，并由契约规定双方的权利和义务。只有在双方自愿和合法的基础上订立契约，双方的法律关系才能真正确立。

2. 依法代理原则

首先，从事税务代理的机构必须是依法成立的。其次，从事税务代理的专门人才必须是经全国统一考试合格，并在注册税务师管理机构注册登记的具有税务代理资格的注册税务师。最后，注册税务师承办的一切代理业务，都要在法律、法规规定的范围内进行。注册税务师制作涉税文书，须符合国家税收实体法律、法规规定的税收原则，依照税法规定正确计算被代理人应纳或应扣缴税款。税务代理人的所有执业行为还须按照有关税收征管和税务代理的程序性法律、法规的要求进行。

3. 独立、公正原则

首先，税务代理必须遵循独立原则。税务代理的独立性是指注册税务师在其代理权限内，独立行使代理权，不受税务机关或其他行政机关、社会团体和个人干预，也不受纳税人、扣缴义务人及社会团体的非法干预，而要按照税收法律、法规规定，用自己的知识和能力独立处理受托业务，帮助纳税人、扣缴义务人准确地履行纳税或扣缴义务，并维护他们的合法权益。其次，税务代理必须客观公正。税务代理人在实施税务代理过程中，必须站在公正的立场上，公正、客观地为纳税人、扣缴义务人代办税务事宜。

4.维护国家利益的原则

注册税务师在税务代理活动中应督促纳税人、扣缴义务人按照国家税法规定履行纳税及扣缴义务,以促进纳税人、扣缴义务人知法、懂法、守法,从而提高其依法纳税、扣税的自觉性。

二、税务代理制度的发展

(一)税务代理制度产生的必然性

税务代理制度有其产生的必然性。

第一,进入20世纪,随着经济发展水平的提高和政府职能的扩大,财政收支占国家CDP比重不断升高。20世纪初,发达国家财政收入占GDP比重仅为10%左右,然而到20世纪中叶,这一比重已扩大到35%以上。直至今天,财政支出持续扩张已成为世界各国财政的基本特征。在这种情况下,各个国家的税收负担急剧增加。

第二,现行经济生活、企业组织形式日益复杂,跨区域、跨行业经营现象越来越多,致使税收制度日趋复杂。纳税人在履行纳税义务的过程中,可能存在对税法的错误理解。在这种情况下,寻求专家的指导或由其代理申报纳税,就会减少纳税人的税务风险,有效保护纳税人的利益。

第三,税务代理也是推行申报纳税制度的客观要求。在世界范围内,目前税款入库方式主要有两种,一是直接征税方式,即由税务人员直接办理征税事物;二是申报纳税方式,即由纳税人自行办理纳税事务。自行办理纳税事务,既降低了征税成本,也进一步明确了国家和纳税人的相互关系,即国家在为社会提供公共产品的同时,有权力征税;纳税人则有纳税的义务,并有权利监督政府的行为。因此,纳税人自行申报纳税是现代税收管理的基本特征,而世界绝大部分国家也都采取了这一方式。自行申报纳税就意味着纳税人自行计算应纳税额、自行履行申报手续、自行办理纳税事宜,这就使纳税人的纳税风险增大。为了减少风险,寻求税务代理就成为其重要选择。

(二)我国税务代理制度的产生和发展

(1)初级阶段。20世纪80年代中期,我国进行了两步"利改税"改革,单一税制改革为复合税制。这样，无论是从纳税人纳税的角度来说，还是从税务机关征税的角度来说，其难度都增大了。因此，为了帮助纳税人准确纳税，一些地区的离退休干部组建了税务咨询机构，为纳税人提供咨询，帮助其解答税收方面的问题。1985年，新疆石河子地区最早成立了税务咨询事务所。随后，武汉市和各省市也陆续建立了专门的税务咨询机构，并逐步扩展到中小城市，其业务内容也逐渐扩大，包括代纳税人办理税务登记、纳税申报、计算缴纳税款、申请减免退税以及办理税务诉讼等。由此可以看出，这一阶段没有相关法律、法规的规定，主要以税务咨询为主，是税务代理的雏形。

（2）试点阶段。1988年，国家税务总局开始在全国进行税收征管改革，辽宁、吉林的一些地区结合征管方式的改变，进行了税务代理的试点，取得了一定的成效。随后，国家税务总局、中国税务学会发出通知，规定成立的税务机构可以受托对企事业单位进行财产评估、资产验资、查账、审查财务预决算报表，指导企业建账。同时，1988年我国成立了"七城市税务咨询联合会"，定期交流经验，这使税务代理的发展又向前推进了一步。

（3）正式实施阶段。1993年8月颁布的《中华人民共和国税收征收管理法》第五十七条明确规定："纳税人、扣缴义务人委托税务代理人代为办理税务事宜的办法，由国家税务总局规定。"1994年1月1日，新税制改革全面实施，国家税务总局把建立健全税务代理制度纳入征管改革的战略中，从此，税务代理成为"申报—代理—稽查"之中的重要一环。

1994年9月，《税务代理试行办法》，对税务师的资格认定、税务代理机构、税务代理业务范围、税务代理关系的确定和终止、税务代理管理、税务代理人的权利和义务以及税务代理责任作了详细的规定。这标志着税务代理制度在中国的正式实施。

1996年11月，国家税务总局和人事部将税务代理人员纳入国家专业技术人员职业资格准入控制范围，明确规定实行注册税务师执业垄断代理制度。随后，国家税务总局相继制定并下发了组建省级注册税务师管理机构的文件，加强了对税务代理行业的管理。

2002年9月，针对税务代理业务与会计业务重叠，以及注册会计师在税务代理中占有主导地位的情况，有关部门决定按"统一领导、分行业管理、业务兼容"的原则,促进两行业的协调发展和协调规范。这一时期,随着律师业务中涉税法律事务的频繁出现,税务律师即税务律师事务所开始出现。

加入WTO后,我国税务代理行业进入成长期。国家税务总局进一步规范了对注册税务师的执业管理,明确了注册税务师行业从事涉税服务和涉税鉴证的业务范围。

2009年12月,国家税务总局完善了注册税务师执业规范体系,明确了涉税服务和涉税鉴证的业务标准,保障了涉税中介服务当事人的合法权益,进一步促进了税收专业服务市场的健康发展。

为了科学规划注册税务师行业的发展蓝图,实现注册税务师行业跨越式发展,2012年国家税务总局对"十二五"时期我国注册税务师行业发展的指导思想、基本原则、发展目标,注册税务师行业法制体系建设、业务拓展、行业监管、人才队伍建设、行业协会建设等方面进行了全面规划,标志着注册税务师行业进入一个崭新的发展时期。

时至今天,注册税务师行业已具有一定的规模和影响。截至2015年底,全国税务师事务所总计8374家,全年业务收入149.98亿元,注册税务师从业人数为41838人。此外,2005年,注册税务师考试首次对我国港澳地区居民开放。

三、税务代理的作用及意义

(一)税务代理的作用

税务代理是税务服务机关和纳税人之间的桥梁和纽带。通过具体的代理活动,不仅有利于纳税人正确履行纳税义务,而且对国家税收政策和顺利贯彻落实具有积极作用。

1. 税务代理对于依法治税具有促进作用

依法治税的基本要求是税务机关依法行政,纳税人、扣缴义务人依法纳税。税务机关的征税过程和纳税人的缴税过程实际上就是税法规定的征纳主体双方权利与义务的法律执行过程。推行税务代理制度,由熟悉财务、税制业务的专家作为沟通征纳双方的桥梁,以客观公正的立场协调征纳双方的行为,帮助纳税人准确、及时地缴纳税款,并监督纠正征纳双方可能的背离税法规定的行为,将有利于推进我国依法治税的进程。

2. 税务代理对于税收征管的监督制约机制的完善作用

加强税收征管工作的一个重要环节是建立一个科学、严密的监督制约体系，确保税收任务的完成。实行税务代理制，可在税收征纳双方之间，通过税务代理人这个中介体，形成纳税人、税务代理人、税务机关三方面的制约关系。纳税人作为履行纳税义务的主体，要自觉纳税，同时受到税务机关与税务代理人的依法监督制约；税务机关作为税务征收的主体，要严格执法，同时又受到纳税人与税务代理人的监督制约；税务代理人在开展代理活动的过程中，也要受到纳税人和税务机关的监督制约。这就形成了一个全方位的相互制约体系，必将促进税收征管制度的进一步完善。

3. 税务代理对于纳税人自觉纳税意识的增强作用

纳税是每个纳税人应尽的义务。以前，纳税人的纳税事务大多数是由税务人员来做的。实行税务代理制后，纳税人可以选择自己信赖的税务代理人，代理他们履行申报纳税义务。纳税人选择税务代理人正是自觉纳税意识的体现。税务代理制的实施，有利于提高纳税人主动申报纳税的自觉性，增强纳税意识，有利于形成纳税人依法纳税的良好局面。

4. 税务代理对于纳税人合法权益的保护作用

实行税务代理制，纳税人可以在税务代理人的帮助下减少纳税错误，做好纳税筹划。税务代理人还可以协调税收征纳双方的分歧和矛盾，依法提出意见进行调解。如有需要，税务代理人可以接受纳税人委托向上级税务机关申请行政复议。这些都切实有效地维护了纳税人的合法权益。

（二）税务代理的意义

在社会主义市场经济条件下，税收在社会经济活动中的地位和作用显得尤为重要，税收工作所面临的任务也日趋繁重，征管工作量也越来越大。为此，税务机关不仅要集中精力抓税收任务，抓各项制度建设，还要加强政治与业务学习，不断提高政治素质与业务水平，从而提高工作质量与效率。在这种情况下，必须把税务专管人员从烦琐的管理事务中解放出来，由上门收税变为纳税人上门纳税，对纳税人进行有效的监督和管理。同时，随着新税制的实施，纳税人计税缴纳越来越复杂，分散经营精力，客观上需要有专门从事税务事宜的机构为其服务。税务代理制的出现适应了这种客观需要。

1. 税务代理有利于恢复纳税人的主体地位

税收征管模式的选择，对于整个税收工作的正常运行和税收组织收入、监督经济等职能的正常发挥有十分重大的意义。实行税务代理制度，由于征纳之间出现了中介机构，纳税人在纳税问题上不再依赖税务机关，而是把支点选择在代理人身上，从而恢复了纳税人应有的主体地位。

2. 税务代理有利于建立科学的征管体系

税务代理机构是介于纳税人和税务机关之间的独立法人，既受纳税人委托代办税务事宜，又按税法规定协助税务机关协税护税，它是以法律为依据，以客观公正为原则，正确处理征纳双方的矛盾，维护双方的合法权益，做到"双向服务，双向协调，双向监督"，形成纳税人、代理人、税务机关之间协调服务，相互监督制约的机制。由税收的直接管理、单一管理转化为间接管理和社会管理，符合我国税收管理发展的简化、务实、高效的原则。

3. 税务代理有利于税务行政人员的专业化

随着经济的快速发展、税源的不断扩大，税收征管难度与日俱增，凭借现存的征管手段和征管力量，已难以满足实际工作的需要。要解决这个矛盾，若单纯依靠扩编，既要加大税收成本，又不符合机构改革的宗旨。而实行税务代理制，则可以将税务咨询、纳税辅导、建账建制等大量繁杂事务，交由税务代理人办理。税务工作人员可从事务中解脱出来，用更多的精力钻研税收政策，充分发挥监督、检查等专业性职能。

4. 税务代理有利于完善纳税申报制度

由于我国实行的是多税种、多环节、多层次的复税制，各税种的征、减、免的具体规定繁杂，不少纳税人因精力所限，对税收政策难以准确把握。实行税务代理制度使纳税人在计税申报上就可以委托代理人代办税务事宜，减轻企业办理税收业务工作量，国家税收也可以及时、足额、准确入库。

5.税务代理有利于社会主义市场经济的发展

在社会主义市场经济条件下，各种经济成分包括国有企业、集体企业，私营企业、个体经济以及外商投资企业和合资企业等并存，它们的产品、商品是否适销对路，能否进入市场已成为企业生存和发展的关键。企业经营者为了在市场竞争中立于不败之地，一要依赖科技、信息；二要加强经营管理，优化生产结构和技术结构，提高经济核算水平，增强竞争能力。税务代理是提供知识、技能和劳务的服务。税务代理人精通税务，熟悉财务、经济法规，信息灵敏，接触面广，他们在为企业经营者代办税务事宜的过程中，既可以提供税收及有关财务、经济法规和信息，也可以介绍先进经验，帮助研究改善经营管理；既能帮助依法纳税，也有助于发挥生产，繁荣经济，从而为建立和发展社会主义市场经济贡献力量。

6.税务代理有利于我国扩大对外开放、参与国际经济

随着我国对外开放的扩大，外商投资企业和合资企业大量增加。税务代理制度为我国经济参与国际经济活动以及我国税收制度同国际税收制度接轨创造了条件。

四、税务代理的范围和目标

（一）税务代理的范围

税务代理业务范围是指按照国家有关法律的规定，允许注册税务师所从事的代理业务内容。税务代理业务范围的具体确定是一个不断探索、不断完善的过程。目前，我国税务代理业务的范围主要是纳税人、扣缴义务人所委托的各项涉税事宜。

（二）税务代理的目标

税务代理应当着重从多方面下功夫，服务好纳税人，从而赢得纳税人的信赖，在市场经济大潮中站稳脚跟，得到健康发展。

要切实帮助纳税人解决困难，办好涉税事务。一般来说，纳税人在办理涉税事务过程中遇有困难或麻烦时，才会对税务代理服务产生较强烈的需求。因此，税务代理应着重通过解决企业纳税上的困难以开拓市场。税务代理是企业

的助手，应当想企业所想、急企业所急、办企业所需，与企业共兴衰。对企业遇到的难题，诸如企业对哪些税收法规理解不透，可能会出现哪些失误或问题等，税务代理要及时获取信息，并以热情、周到、高效的服务帮企业解决，才能赢得纳税人的信任。税务代理还应当充分发挥自身知识和智力优势，着重开展受聘税务顾问，代理建账建制，代理税务行政复议等业务，为企业提供深层次纳税服务，为企业履行纳税义务创造更好的条件。

认真帮助纳税人增强纳税意识，走全面发展的道路。市场经济是法制经济，税务代理必须依法办事。因此，税务代理在为纳税人服务的过程中，要着重帮助企业提高纳税意识，树立正确的经营理念。税务代理的职责应当是既要促使企业守法经营、依法纳税，又要促使企业增强权利意识和自我保护意识，遇到有争议的问题靠法律途径解决。企业纳税意识提高后，为减少麻烦，会将更多的纳税事务交税务代理去办，专心从事生产经营，走全面发展的道路。这不仅有利于税务代理的健康发展，对税务机关依法行政也大有好处。

纳税筹划是新时期税务代理的一个新内容。税务代理作为一种高智力、高层次的咨询服务，如果只停留在发展初期的代理报税、代理记账、代理制作涉税文书等智力含量不太高的服务，应该说税务代理是没有发展前途的。因为即使今后社会分工再细，这些活动企业本身也能够独自承担。况且随着企业财务管理水平的不断提高，企业要求提供税务代理的内容和层次也会相应提高，这些都为发展纳税筹划提供了可能性。

第四节　税务行政处理程序

一、税务行政处罚

（一）税务行政处罚的概念

税务行政处罚是指自然人、法人或其他组织有违反税收征收管理秩序的违法行为，尚未构成犯罪，依法应当承担行政法律责任，由税务机关给予的行政处罚。

(二) 税务行政处罚的原则

税务行政处罚的原则，是指对税务行政处罚一系列活动的有关法规的准则，包括以下具有普遍指导意义的原则内容。

1. 处罚法定原则

处罚法定原则，是税务行政合法性原则在税务行政处罚中的具体表现和要求，指税务行政处罚必须依法进行。处罚法定原则包括：一是实施处罚的主体必须是法定的行政主体，即有处罚权的税务机关；二是处罚的依据是法定的，即实施处罚必须有税收法律、法规的明确规定；三是税务行政处罚的程序合法，即遵循法定程序。

2. 公开、公正原则

一是要防止偏听偏信；二是要使当事人了解其违法行为的性质，并给其申辩的机会；三是要防止自查自断，实行查处分开制度。

3. 过罚相当原则

过罚相当，是指在税务行政处罚的设定和实施方面，都要根据税务违法行为的性质、情节、社会危害性的大小而定。税务行政处罚的种类和给予处罚的幅度轻重要与当事人违法行为对社会的危害程度的大小相符。

4. 处罚与教育相结合原则

税务行政处罚的目的是纠正违法行为，教育公民自觉守法，处罚只是手段，不是目的。因此，税务机关在实施行政处罚时，要责令当事人改正或者限期改正违法行为。

5. 监督制约原则

对税务机关实施行政处罚实行多方面的监督制约。一是税务机关内部，如对违法行为的调查与处罚的决定分开，当场作出的处罚决定要向所属行政机关备案等。二是税务机关与其他组织之间，如决定罚款的机关与收缴的机构分离。三是税务机关外部，包括税务机关系统上下级和司法部门，具体体现主要是税务行政复议和税务行政诉讼。

6. 保障当事人合法权利原则

依法行政是对税务机关进行行政处罚的基本要求。税务机关在实施税务行政处罚时，要以国家的法律和税收政策法规为依据，保障纳税人和其他当事人的合法权利，如果侵犯了纳税人或其他当事人的合法权利，其法律责任由税务机关承担。

7. "一事不再罚"原则

对当事人的同一个违法行为，不得给予两次以上罚款的行政处罚。这一原则是西方国家立法中一项重要责任制度，目的在于防止法律规范之间的设定冲突，重复设定处罚，保护当事人的合法权益。但是在实践工作中如何适用"一事不再罚"原则却是一个比较复杂的问题。

（三）税务行政处罚的构成

任何处罚，都有其基本的构成要素。税务行政处罚作为处罚体系中的一种形式，自然也有其基本的构成要素。概而言之，税务行政处罚的构成主要包括税务行政处罚主体、税务行政处罚对象、税务行政处罚的适用范围等基本要素。

1. 税务行政处罚主体

执行行政处罚的主体既可以是特定行政机关，也可以是法律、法规授权的组织，还可以是受委托的组织。就目前已有规定来看，税务行政处罚主体主要是各级税务行政机关：其一，实施税务行政处罚的主体只能是依法行使职权的税务机关。由于税务机关既可能是以自己的名义独立行使行政权，并独立承担相应的法律责任的行政主体；也有可能作为行政相对方或者民事主体身份出现，譬如，当税务机关申请建房许可时，它就是以行政相对方的身份出现的，当税务机关购买办公物品时，它又只是以民事主体的身份出现的。因此，当税务机关是作为行政相对人或者民事主体而非行政主体时，它就不具有实施行政处罚的职权，因而也就不是税务行政处罚主体。其二，并非任何税务机关都能成为实施任何税务行政处罚的主体。特定的行政处罚权只能与特定的税务行政主体相联系。不具有相应的行政处罚权的税务机关则无权实施特定的税务行政处罚，否则越权无效。简而言之，税务行政处罚主体主要是县以上各级税务局，税务所只有经过法律特别授权才能成为税务行政处罚主体。

2. 税务行政处罚对象

行政处罚是行政违法责任的承担形式，而行政违法责任的构成又是以违反行政法义务为基本内容的，因此，行政处罚实施的前提是行为人违反行政法义务。税务行政处罚适用的对象，是指违反税收征收管理法律规范，实施违反税收征收管理秩序行为的公民、法人或其他组织。这些组织和个人是税务管理相对人，他们有义务遵守税收征收管理法律规范，服从税收征收管理，一旦违反税收征收管理法律规范，实施了违反税收征收管理秩序的行为，就必须承担相应的法律责任，接受税务行政处罚主体实施的税务行政处罚，成为税务行政处罚对象。

（1）税务行政处罚是税务行政主体针对纳税主体的违反税收征管法律秩序行为所实施的行政制裁。这主要包括以下含义：

其一，一般而言，税务行政处罚对象只能是纳税主体，而不能是非纳税主体；纳税主体既可以是自然人，也可以是法人或者其他组织。但当法律有特别规定时，对于单独实施、或者协助纳税主体共同实施妨碍税收征管行为又尚未构成犯罪的非纳税人，也可以成为税务行政处罚或者治安管理处罚的对象。

其二，税务行政处罚所要惩罚的是妨碍税收征管法律秩序的行政违法行为，行为人的主观状态可能是故意，也可能是过失。

（2）由于税务行政处罚只能以违反税务行政法义务为实施前提，而税务行政法义务又是由行政法律、法规与规章所明确规定的，因此，税务行政处罚的对象应是特定的，仅为负有特定税务行政法义务且违反该义务的公民、法人或者其他组织。在税务行政处罚对象的认定上，有必要注意以下几种特殊情形：第一，承包企业的处罚对象认定。承包企业的性质与承包类型的不同，法律规定的行政法义务人也是不同的，因此，税务行政处罚的对象也就不同。第二，共犯中的处罚对象认定。税法上对共犯的追究，一般是以共同实施违法行为人均负有义务为基础的，如果税法义务人与不负有税法义务人共同实施了违法行为，一般仅以税法义务人为处罚对象。但是，在法律有特别规定的情况下，不负有纳税义务的主体也可能因共犯而被处罚。第三，法人违法时税务行政处罚对象的确定。依照现行税法规定，法人违法时，只对法人实施税务行政处罚，直接责任人员、主管负责人员、法人代表等一般不能成为税务行政处罚对象。

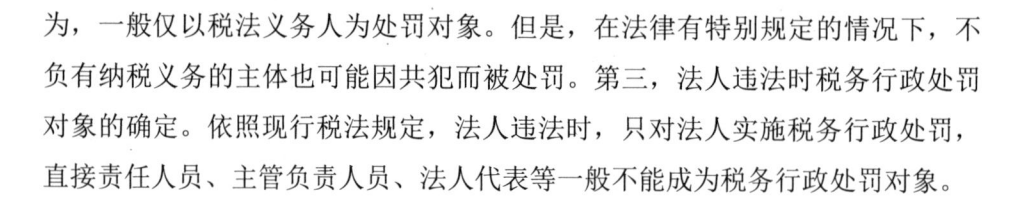

3. 税务行政处罚的适用范围

税务行政处罚只能针对税务管理相对人所实施的违反税收征收管理法律秩序的行政违法行为。它具有以下三层含义。

（1）税务行政处罚的法律依据是有关税收征收管理方面的法律规范，对违反民事法律规范和刑事法律规范的违法行为，税务行政主体无权实施税务行政处罚。

（2）税务行政处罚所适用的法律依据从总体上来说，基本为法律、行政法规，有些情况下依据地方性法规，很轻微的处罚还可以依据规章。

（3）税务行政处罚所制裁的是税务管理相对人所实施的构成行政违法但尚未构成犯罪的违法行为。这里需要注意以下两个问题：

第一，区分税务行政违法与税务犯罪的界限。第二，区分税收违法行为是否轻微。如果税务违法行为轻微，并未造成危害后果且及时纠正的，税务机关就不应对其实施税务行政处罚。

二、税务行政复议

（一）税务行政复议的概念

税务行政复议是指纳税人、代征人或其他当事人认为税务机关或者税务机关工作人员的具体行政行为侵犯了其合法权益，依法向作出具体行政行为的税务机关的上级税务机关提出复议申请，由接受申请的税务机关对具体行政行为的合法性、适当性进行审查，并依法作出复议决定的活动的总称。它包含以下几层意思。

（1）税务行政复议的申请人是不认可税务机关处理决定的纳税人、代征人或其他当事人，它要求申请人与行政处理决定具有法律上的利害关系，其他人无权申请复议。

（2）税务行政复议发生的前提是申请人认为税务机关或者税务机关工作人员的具体行政行为侵犯了其合法权益，是否真的侵犯了其合法权益，要经过上级复议机关的调查、审理之后才能确定。

（3）税务行政复议以作出具体行政行为的税务机关为被申请人，在税务行政复议中，当事人双方必有一方是税务机关，并以被申请人的身份出现，没有税务机关参加的复议不是税务行政复议。

（二）税务行政复议的特征

税务行政复议不同于一般的行政处理决定，也不同于行政调解、行政仲裁等行为，它有自己的特征。

（1）税务行政复议以税务行政争议为调整对象。就是说，税务行政复议所处理的争议必须是税务机关在税收征收管理过程中发生的纠纷，而不是其他纠纷。

（2）税务行政复议以当事人不认可税务机关处理决定为前提。如果税务机关未作出处理，或者当事人服从处理决定，也就不存在税务行政争议了。

（3）接受申请的复议机关不仅可以对原具体行政行为的合法性进行审查，而且可以对其适当性进行审查。这是由税务行政复议的行政性决定的，是区别行政诉讼的重要特征。

（4）税务行政复议由原处理税务机关的上级税务机关进行，而不是其他行政机关或者其他税务机关。

（三）税务行政复议的原则

税务行政复议的原则，是指反映税务行政复议客观规律，贯穿于税务行政复议全过程，参加税务行政复议的各方都必须遵循的法定基本准则。

1. 合法、公正、公开、及时、便民原则

合法原则指税务行政复议机关必须严格按照法律规定，对行政相对人申请复议的具体行政行为，依法定程序进行审查，根据审查的不同情况，依法作出不同的处理决定。

公正原则指税务行政复议机关必须在程序公平的约束下，正当地行使复议权，尤其是行使自由裁量权。

公开原则是指税务行政复议机关在复议过程中，除涉及国家秘密、个人隐私和商业秘密外，整个过程都应当向复议当事人以及社会公开。这是确保复议权合法、公正行使的基本条件，也是防止复议权滥用的最好手段。公开原则包含以下几个方面：行政复议受理公开、行政复议活动过程公开、行政复议决定公开。

及时原则是指税务行政复议机关在查明事实、分清是非的基础上，应在法定期限内迅速地、以尽可能短的时间解决行政争议。

便民原则是指税务行政复议活动应尽可能做到方便行政相对人行使复议申请权，简化复议程序，节省行政相对人的时间、金钱和精力。

2. 合法性与适当性全面审查原则

合法性与适当性全面审查原则是指税务行政复议时既要审查行政行为的合法性，又要审查其适当性。合法性是指行政权的存在和行使必须依据法律、符合法律，不能与法律相抵触；适当性是指在法定范围内行政权的行使是否合理适当，是否遵循法律的原意或出于正当动机。

3. 书面复议原则

书面复议原则是指税务行政复议机关对申请人和被申请人递交的复议申请、复议答复、证据及其他有关资料一般采取非公开对质性的审查，并在此基础上作出复议决定。但行政复议法也规定，在申请人提出要求或行政复议机关负责法制工作的机构认为有必要时，可以向有关组织和个人调查情况，听取复议参与人的意见。

4. 一级复议原则

一级复议原则是指除法律另有规定，对引起争议的税务具体行政行为一般只经一级税务行政复议机关复议即可结案，即申请人对复议决定不服，原则上不能再逐级向税务机关申请复议，而只能向法院提起行政诉讼。

5. 复议期间不停止执行原则

除法律规定的几种特殊情况以外，税务行政复议期间不停止原具体行政行为的执行，即税务具体行政行为一经作出，不论事实上是否合法，均推定为合法。制定这条原则是考虑到如果复议期间停止执行，则合法的征税决定无法执行，从而国家的利益得不到保障。

（四）税务行政复议的参加人

1. 税务行政复议的申请人

税务行政复议的申请人，是指认为税务机关的具体行政行为侵犯其合法权益，向税务行政复议机关申请行政复议的公民、法人和其他组织，也包括在中华人民共和国境内向税务机关申请行政复议的外国人、无国籍人和外国组织。

有权申请行政复议的公民死亡的，其近亲属可以申请行政复议；有权申请行政复议的公民为无行为能力人或者限制行为能力人，其法定代理人可以代理申请行政复议；有权申请行政复议的法人或者其他组织发生合并、分立或终止的，承受其权利义务的法人或者其他组织可以申请行政复议。

2. 税务行政复议的被申请人

申请人对具体行政行为不服申请行政复议的，税务行政复议的被申请人是指作出引起争议的具体行政行为的税务机关。

3. 税务行政复议的第三人

税务行政复议的第三人，是指与申请复议的具体行政行为有利害关系的个人或组织。所谓"利害关系"，一般是指经济上的债权债务关系、股权控股关系等。行政复议期间，行政复议机关认为申请人以外的公民、法人或者其他组织与被审查的具体行政行为有利害关系的，可以通知其作为第三人参加行政复议。

4. 税务行政复议的代理人

税务行政复议的代理人，是指接受当事人委托，以被代理人的名义，在法律规定或当事人授予的权限范围内，为代理复议行为而参加复议的个人。

三、税务行政诉讼

(一) 税务行政诉讼的含义与特征

税务行政诉讼是指公民、法人或者其他组织认为税务机关的具体行政行为侵犯其合法权益时,依法向人民法院提起诉讼,由人民法院进行审理并作出裁判的活动。它包括以下几层意思:①税务行政诉讼是专门处理、解决税务行政争议的活动;②税务行政诉讼是在人民法院的主持下进行的、解决税务行政争议的司法活动;③税务行政诉讼是由于公民、法人或其他组织认为税务机关的具体行政行为侵犯其合法权益而引起的。

税务行政诉讼属于行政诉讼的一种,不同于民事诉讼和刑事诉讼,具有下列特征。

(1) 税务行政诉讼是解决一定范围内的税务行政争议的活动。税务行政争议是税务机关在行使税收征收管理权的过程中与作为相对方的公民、法人或者其他组织发生的权利义务纠纷。税务行政诉讼是专门解决税务行政争议的诉讼。但是,税务行政诉讼也并不是解决所有的税务行政争议,它所解决的税务行政争议限于一定范围之内。

(2) 税务行政诉讼的核心是审查税务具体行政行为的合法性。在税务行政诉讼中,直接审查的对象是税务具体行政行为,且对税务具体行政行为的审查限于合法性范围,一般不审查税务具体行政行为的合理或适当性问题。税务行政诉讼之所以以审查税务具体行政行为的合法性为核心,是因为税务行政诉讼制度的主要功能在于督促税务机关依法行政,这一功能决定了税务行政诉讼必须重点审查税务行政行为的合法性,整个诉讼活动都是围绕这一问题展开的。同时,税务具体行政行为合法性问题的确认和裁判是解决其他问题(如决定是否判令税务机关赔偿公民损失等)的前提。此外,司法权与行政权的关系也使得税务行政诉讼主要是审查税务行政行为的合法性,因为司法权既要监督行政权依法行使,又不能取代行政权直接对行政事务作出处理。

(3) 税务行政诉讼是人民法院运用国家审判权来监督税务机关依法行使职权和履行职责,保护公民、法人和其他组织的合法权益不受税务机关违法行政行为侵害的一种司法活动。税务行政诉讼的根本目的是通过处理、解决税务行政争议案件来监督税务机关依法行使职权和履行职责，以保护公民、法人和其他组织的合法权益不受税务机关违法行政行为的侵害。税务行政诉讼的这种目的决定了它具有司法监督性质，是人民法院通过审判程序对税务机关的行政活动实行监督，是以国家审判机关的司法权来督促税务机关税收征收管理权的正确、合法行使。

（4）税务行政诉讼中的原告、被告具有恒定性。税务行政诉讼是公民、法人或其他组织认为税务机关的具体行政行为违法并侵犯了自己的合法权益而提起的，旨在通过税务行政诉讼，即由法院审查税务具体行政行为是否合法并作出相应的裁判，以保护自己的合法权益。为此，税务行政诉讼中能够成为原告、享有起诉权的，只能是作为税务行政相对人的公民、法人或其他组织，作出具体行政行为的税务机关既没有起诉权，也没有反诉权，只能作为被告应诉。之所以如此，是因为税务机关拥有行政职权，它在实施税务具体行政行为时处于主导者和管理者的地位，拥有实现其代表国家意志的一切手段，包括依法强制执行和申请人民法院强制执行其决定的手段，它无须通过向人民法院对公民、法人或其他组织提起诉讼的方式来实现具体行政行为的效力。而公民、法人和其他组织则不同，在税务行政管理中，他们处于被管理者和被支配者的地位，缺乏要求税务机关服从自己意愿的能力，当他们认为税务机关作出的具体行政行为侵犯自己的合法权益时，没有自行抗拒的能力，只能作为原告向人民法院对税务机关提起行政诉讼，请求司法机关运用司法权来保护自己。

（二）税务行政诉讼的种类

（1）根据所保护税务行政相对人实体权利的不同，可以把税务行政诉讼分为人身权诉讼和财产权诉讼两大类型。税务行政诉讼旨在保护税务行政相对人的人身权和财产权。围绕着人身权的诉讼称为人身权诉讼；围绕着财产权的诉讼称为财产权诉讼。

（2）根据税务行政相对人提起诉讼请求的不同内容，可以把税务行政诉讼分为：①撤销之诉，即税务行政相对人提起请求人民法院撤销违法税务具体行政行为的诉讼；②变更之诉，即税务行政相对人提起请求人民法院变更显失公平的税务行政处罚的诉讼；③履行之诉，即税务行政相对人提起请求人民法院判决税务机关履行职务的诉讼；④赔偿之诉，即税务行政相对人提起请求人民法院判决税务机关予以赔偿的诉讼。

（3）根据当事人数目的不同，可以把税务行政诉讼分为单一诉讼和共同诉讼两种类型。前者是指原告只是一个税务行政相对人，被告只有一个税务机关的诉讼；后者是指原告与被告至少有一方当事人为两个或两个以上的诉讼。

（4）根据程序上有无特殊性，可以把税务行政诉讼分为一般诉讼和特殊诉讼。税务行政赔偿诉讼、涉外税务行政诉讼属于特殊诉讼，其他则属于一般诉讼。

（5）根据诉讼的目的和标的的不同，可以把税务行政诉讼分为：①撤销或减轻处罚之诉。是指税务行政相对人因不服税务机关的行政处罚，请求人民法院撤销或减轻该处罚而提起的诉讼。②减免义务之诉。是指税务行政相对人因不服税务机关作出的使其承担义务或承担义务过重的具体行政行为而提起的诉讼。③确认权利之诉。是指税务行政相对人认为税务机关应依法赋予自己某项权利，税务机关却不给予，请求人民法院通过审判程序加以确认而提起的诉讼。④请求赔偿之诉。是指税务行政相对人因税务机关作出的具体行政行为侵犯其合法权益并造成实际损害，请求人民法院判决税务机关负赔偿义务而提起的诉讼。

（6）根据诉讼理由的不同，可以把税务行政诉讼分为实体违法之诉和程序违法之诉。实体违法之诉是指税务行政相对人以税务机关作出的具体行政行为违反实体法的规定为由提起的诉讼；程序违法之诉是指税务行政相对人以税务机关作出的具体行政行为违反程序法的规定为由提起的诉讼。

四、税务行政赔偿

（一）税务行政赔偿的概念

税务行政赔偿是指税务机关作为履行国家赔偿义务的机关，对本机关及其工作人员的违法行为给纳税人和其他税务当事人的合法权益造成的损害，代表国家予以赔偿的制度。

国家赔偿是以国家为赔偿主体的侵权损害赔偿，国家赔偿的费用由国家负担，由侵权机关实施赔偿义务。

（二）税务行政赔偿的条件

（1）税务机关或者其工作人员的职务违法行为。

（2）存在对纳税人和其他税务当事人合法权益造成损害的事实。

（3）税务机关及其工作人员的职务违法行为与现实发生的损害事实存在因果关系。

（三）税务行政赔偿的方式

（1）支付赔偿金。这是最主要的赔偿形式。这种赔偿方式简便易行，适用范围广泛，能使受害人的赔偿要求迅速得到满足。

（2）返还财产。返还财产要求财产或原物存在。如果原物不存在，也可用同类物，但须得到被赔偿者的同意。

（3）恢复原状。对受损的财产进行修复，使之恢复到受损前的形状或性能。

参考文献

[1] 《税务管理》编写组.税务管理[M].北京：中国财政经济出版社，1988.

[2] 安福仁.中国市场经济运行中的政府干预[M].沈阳：东北财经大学出版社，2001.

[3] 蔡秀芬，李红霞.财政与税收[M].北京：首都经济贸易大学出版社，2008.

[4] 蔡秀云，李红霞.财政与税收[M].北京：首都经济贸易大学出版社，2015.

[5] 曹杰，刘芳，徐杰.财政金融基础[M].北京：中央广播电视大学出版社，2016.

[6] 陈昌龙.财政与税收[M].北京：北京交通大学出版社，2019.

[7] 崔满红，李志辉.财政学[M].北京：中国金融出版社，2004.

[8] 崔奇，李康.财政与金融[M].上海：上海财经大学出版社，2019.

[9] 崔艳辉.税务代理实务[M].北京：中国金融出版社，2013.

[10] 邓晴，张亮.税收基础[M].沈阳：东北财经大学出版社，2017.

[11] 邓晓兰.财政学[M].3版.西安：西安交通大学出版社，2015.

[12] 邓晓兰.财政学[M].西安：西安交通大学出版社，2007.

[13] 董再平，孔晓莉.税务代理实务[M].2版.沈阳：东北财经大学出版社，2018.

[14] 段迎春.现代财政税收学[M].北京：中国金融出版社，2004.

[15] 古建芹.税务管理[M].石家庄：河北教育出版社，2006.

[16] 郭婧.政府干预、终极股权结构与公司治理效率[M].上海：立信会

计出版社，2019.

[17] 韩小红，施阳.财政与金融[M].北京：北京理工大学出版社，2019.

[18] 韩艳翠.税收实务[M].南京：东南大学出版社，2017.

[19] 胡怡建.税收学[M].上海：上海财经大学出版社，2018.

[20] 江依.财政学[M].上海：上海财经大学出版社，2017.

[21] 姜雅净，李艳.税务代理理论与实务[M].上海：上海财经大学出版社，2015.

[22] 赖淏淏.财政与金融[M].沈阳：东北财经大学出版社，2018.

[23] 李贺.财政学：理论·实务·案例·实训[M].2版.上海：上海财经大学出版社，2019.

[24] 李嘉明.财政与税收[M].重庆：重庆大学出版社，2002.

[25] 李克强.财政政策理论与中国财政政策实践[M].北京：中国经济出版社，2019.

[26] 李品芳，周华.公共财政与税收[M].上海：上海财经大学出版社，2011.

[27] 李平.我国产业结构优化中的税收效应分析[M].北京：中国税务出版社，2011.

[28] 梁俊娇，孙亦军.税务管理与纳税检查[M].北京：对外经济贸易大学出版社，2011.

[29] 廖少纲.政府预算管理[M].北京：对外经济贸易大学出版社，2012.

[30] 刘安长.我国财政政策对宏观调控目标的传导效应研究[M].北京：光明日报出版社，2017.

[31] 刘寒波.政府预算经济学[M].长沙：中南工业大学出版社，2000.

[32] 刘克.财政学[M].北京：中国铁道出版社，2017.

[33] 刘明慧.政府预算管理[M].北京：经济科学出版社，2004.

[34] 刘维维.税法[M].上海：上海财经大学出版社，2020.

[35] 钱淑萍.税收学教程[M].上海：上海财经大学出版社，2020.

[36] 石佑启,丁丽红.税务行政诉讼[M].武汉:武汉大学出版社,2002.

[37] 舒志彪.财政政策的作用机理研究[M].北京:北京联合出版公司,2017.

[38] 宋功德.税务行政处罚[M].武汉:武汉大学出版社,2002.

[39] 孙文基.财政学教程[M].3版.苏州:苏州大学出版社,2017.

[40] 铁卫,李爱鸽.税收学教程[M].西安:西北大学出版社,2017.

[41] 万莹.信毅教材大系、税收经济学[M].上海:复旦大学出版社,2016.

[42] 万莹.税收经济学[M].2版.上海:复旦大学出版社,2021.

[43] 汪笛晚,付新法,王琼.财政学[M].延吉:延边大学出版社,2018.

[44] 王丽娟.财政与金融[M].成都:电子科技大学出版社,2020.

[45] 王佩,李翠红.税收理论与实务[M].北京:知识产权出版社,2019.

[46] 文炳勋.政府干预问题研究[M].长沙:湖南人民出版社,2005.

[47] 吴坚真.税法与税务会计[M].广州:广东高等教育出版社,2006.

[48] 吴健.新个人所得税实务与案例[M].北京:中国市场出版社,2019.

[49] 吴晓微.税法实务[M].北京:北京理工大学出版社,2017.

[50] 相悦丽,赵红梅,王姗姗.财政与金融[M].北京:冶金工业出版社,2018.

[51] 肖文圣.财政与税收[M].2版.南京:东南大学出版社,2014.

[52] 谢自强.政府干预理论与政府经济职能[M].长沙:湖南大学出版社,2004.

[53] 徐秀杰.税收实务[M].北京:首都师范大学出版社,2017.

[54] 薛桂芝.财政与金融实用教程[M].北京:中国传媒大学出版社,2015.

[55] 严德军,董长春,吴健.个人所得税实务[M].北京:中国市场出版社,2016.

[56] 杨光焰.政府预算管理[M].上海：立信会计出版社，2016.

[57] 杨林.财政与税收[M].北京：中国海洋大学出版社，2005.

[58] 杨明洪.财政学[M].4版.成都：四川大学出版社，2018.

[59] 杨萍，魏敬淼.税法学原理[M].3版.北京：中国政法大学出版社，2021.

[60] 杨森平，李日新，李英.税务管理[M].广州：暨南大学出版社，2012.

[61] 杨志安.公共财政学通论[M].沈阳：辽宁大学出版社，2013.

[62] 岳志强.财政学[M].北京：中国财富出版社，2016.

[63] 张小军.财政学原理及应用[M].广州：华南理工大学出版社，2016.

[64] 张新德.税务行政复议理论与实践[M].郑州：河南人民出版社，1992.

[65] 张志超，倪志良.现代财政学原理[M].天津：南开大学出版社，2015.

[66] 赵建国.政府经济学[M].3版.大连：东北财经大学出版社，2014.

[67] 郑在柏.财政与金融基础认知[M].苏州：苏州大学出版社，2016.

[68] 朱淑梅，孔令一.税法[M].上海：立信会计出版社，2020.